# 青山遮不住

## 关于商业改革与发展的思考

张志刚 著

中国商业出版社

图书在版编目（CIP）数据

青山遮不住：关于商业改革与发展的思考 / 张志刚著.
-- 北京 : 中国商业出版社, 2018.8

ISBN 978-7-5208-0555-1

Ⅰ.①青… Ⅱ.①张… Ⅲ.①商业改革—中国—文集 Ⅳ.① F721-53

中国版本图书馆 CIP 数据核字 (2018) 第 197850 号

责任编辑：刘毕林

中国商业出版社出版发行
010-63180647 www.c-cbook.com
（100053 北京广安门内报国寺 1 号）
新华书店经销
北京市京东印刷厂印刷
\*
700×1100 毫米　16 开　18.75 印张　246 千字
2018 年 10 月第 1 版　2018 年 10 月第 1 次印刷
**定价：56.00 元**
\* \* \* \*
（如有印装质量问题可更换）

# 纪念我国商业改革开放四十周年

中国关心下一代工作委员会主任

顾秀莲

二〇一八年六月十日

# 青山遮不住

## 访中国市场第一县——泰顺

明景泰三年（公元1452），泰顺设县。史传，明代皇帝朱祁钰为母亲庆寿，钦定新设县名泰顺，取"国泰民安、人心归顺"之意。

斗转星移，五百多年过去，"九山半水半分田"的泰顺人，依然过着几近与世隔绝的农耕生活。青山依旧在，几度夕阳红。年复一年，在新中国向贫困开战的年月，毫无悬念地"享受"到国家级贫困县的待遇。

历史在不经意间捉弄人。浩荡的"皇恩"没有改变泰顺人的生活，是三十多年前的那场春风吹拂，彻底改变了泰顺人的命运。不少人说，近年来当泰商返乡过春节的时候，泰顺城乡车水马龙，交通拥堵，宾客盈门，酒店爆满，乃至出现短时间的物价上涨。国家级贫困县的街上竟然成了轿车的河流，到处是欢声笑语的人潮……

# 序 言

今年,是我国改革开放四十周年。

四十年来,我国商业在祖国的怀抱里成长,取得的成就举世瞩目。现在消费已成为拉动经济的主要驱动力,包括生活服务在内的服务业已发展成共和国的第一大产业。

看商业业态,发达国家有的,我们应有尽有;看所有制,我们流通领域已形成内资与民营经济为主、多种所有制共同发展的结构,是完全开放的市场;看速度,始终以高于国内生产总值年均增速增长,是最具活力的经济领域;看总量,我国社会消费品零售总额将于今年超过美国,成为世界第一;看科技创新,我国电子商务已走在全球的第一方阵。

差距仍然是明显的。人均、质量、效率、布局、绿色发展……,我们深知任重道远,前路漫漫。

进入新时代,我们更应有全球的眼光,世界的标准,中国的特色,环境生态的意识。

回首走过的岁月,"有过多少往事,仿佛就在昨天,有过多少朋友,仿佛还在眼前"。中国商业人没有忘记初心,在新时代的长征路上,继续在创造未来。

我们，当为中国商人而歌！

本书包括以下三个部分。

一是经济篇。主要记录了通过商业改革、开放、丰富的实践，我的理论思考、认识和讲话发言。

二是历史篇。主要介绍了我在学习研究中国商业通史和相关国际经济史的过程中，阐释中国历史上诸子百家的经济思想以及著名法家人物的改革举措。

三是探索篇。主要以中短篇通讯的方式，反映我国中小商业企业坚持改革开放、创新发展的人和事，为那些"位卑未敢忘忧国"的"小人物"讴歌。

行文中，尽可能引证和论及详实的数据、前沿的课题、经济学知识和历史资料。

致敬！引领我们一路走来的领导和师长！感谢！曾经与我们一路同行的同事、朋友！

仅以此书，献给坚持改革开放的中国商务工作者！

张志刚

2018年元月

# 目录 contents

## 01 | 经济篇

- 003　调查与研究
- 014　努力实现高质量发展
- 018　老字号　新字号
- 022　以史为鉴　坚定理论自信
- 026　探索具有中国特色的会展业发展道路
- 033　农产品具有社会公益性
- 039　"华盛顿共识"遭遇严峻挑战
- 044　重视 GDP　不以 GDP 论英雄
- 047　标准化，人类文明进步的重要标志
- 052　和而不同，以人为本
- 058　加快发展服务业
- 062　加快实体零售转型发展
- 065　加强经济理论研究
- 068　谈我国商品批发交易市场
- 073　中国零售业的创新之路
- 081　食以安为先

| 083 | 谈诚信 |
|---|---|
| 086 | 论品牌 |
| 090 | 话说中华酒业文化 |
| 096 | 走向命运共同体 |
| | ——"一带一路"的深远意义 |

# 02 历史篇

| 103 | 诸子百家论经济 |
|---|---|
| 108 | 华商之祖——王亥 |
| 111 | 烹饪始祖——伊尹 |
| 116 | 东方经济学鼻祖——管仲 |
| 120 | 兴国名臣，经商骄子——范蠡 |
| 123 | 儒商子贡 |
| 126 | 计然之策 |
| | ——比《国富论》早二千多年的中国古典经济学理论 |
| 129 | 诚贾良商——白圭 |
| 132 | 法治经济的先驱——商鞅 |
| 136 | 第一个为商人立传的史学泰斗——司马迁 |
| 140 | "文景之治"的经济政策 |
| 144 | 伟大的创举——丝绸之路 |
| 149 | 西汉改革家——桑弘羊 |
| 153 | 《盐铁论》 |
| | ——中国历史版的"达沃斯"论坛 |
| 158 | 贞观之治 |

| | | |
|---|---|---|
| 161 | | 唐朝改革家——刘晏 |
| 165 | | 李白与丝路 |
| | | ——丝路历史上的中外文化交往 |
| 173 | | 王安石变法 |
| 177 | | 经济改革家——张居正 |
| 181 | | 人类海洋航行史上的伟大创举 |
| | | ——郑和下西洋 |
| 185 | | 中华商帮、商号、商会的创立 |

## 03 探索篇

| | |
|---|---|
| 193 | 青山遮不住 |
| | ——访"中国市场第一县"泰顺 |
| 200 | 本顿维尔的深思 |
| 206 | "小鸟筑成巢" |
| | ——记家乐福的中国情缘 |
| 213 | 相知无远近，万里尚为邻 |
| | ——忆抗击非典时期的中意友谊 |
| 220 | 红原行 |
| 226 | 金市 |
| 232 | "纽扣"人生 |
| 239 | 天不能死地难埋 |
| | ——忆汶川大地震中的中国商务工作者 |
| 246 | 安德利的守望 |

| | |
|---|---|
| 252 | 石浦欢歌 |
| 259 | 走进沐浴业 |
| 266 | 中国服务:"北京宴"与春天的约会 |
| 273 | 隆庆祥的追求 |
| 278 | 实体零售步步高 |
| 284 | 夏老与《石门颂》 |
| 289 | 后记 |

# 01

## 经济篇

路漫漫其修远兮，
吾将上下而求索。
　　　　　——屈原（《离骚》）

理论只要说服人，就能掌握群众，而理论只要彻底，就能说服人。
　　　　　——卡尔·马克思（《黑格尔法哲学批判导言》）

只有忠于事实，才能忠于真理。
——周恩来（引自1980年10月7日《文汇报》）

即使艰难，也还要做；愈艰难，就愈要做。改革，是向来没有一帆风顺的，冷笑家的赞成，是在见了成效之后。
　　　　　——鲁迅（《且介亭杂文·中国语文的新生》）

# 调查与研究

**一、使命光荣,责任重大**

我在七年前进入全国政协,五年前离开商务部副部长职位。告别数十年曾经工作过的经济战线,开始了人生旅途的新阶段——努力去当好一名合格的政协委员。

我认为,履行好政协委员职能要从了解人民政协开始。

全国政协全名为"中国人民政治协商会议",它有着光荣的历史:新中国成立之初,1949年9月的第一届全国政协会议曾经执行全国人大的职权,通过了具有临时宪法性质的《中国人民政治协商会议共同纲领》,选举了国家领导人,决定了国旗、代国歌和国都。1950年6月第一届全国政协二次会议又通过了国徽图案。人民政协有鲜明的主旨:它高举爱国主义、社会主义旗帜,牢牢把握团结和民主两大主题,充分发挥建言献策、服务大局的重要作用。人民政协有最大的包容:它广泛地把包括赞成祖国统一在内的海内外同胞团结起来,协力同心,为国家的强大、人民的幸福付出了巨大的努力;为全面建设小康社会、加速推进社会主义现代化、促进祖国和平统一大业作出了重要贡献。人民政协有宽松的环境：委员可以畅所欲言，建言献策；各抒己见，共论国是。

新中国成立六十多年，尤其是改革开放三十多年的历史表明，变化，史无前例，成就，举世瞩目。但是，我国仍然是发展中国家的定位没有变。我国仍处于并将长期处于社会主义初级阶段的基本国情没有变。人民日益增长的物质文化需要同落后的社会生产之间的矛盾，这一社会主要矛盾没有变。当前我国发展的阶段性特征，是社会主义初级阶段基本国情在新世纪新阶段的具体体现。强调认清社会主义初级阶段基本国情，不是要妄自菲薄、自甘落后，也不是要脱离实际、急于求成，而是要坚持把它作为推进改革、谋划发展的根本依据。我们必须始终保持清醒头脑，立足社会主义初级阶段这个最大的实际，科学分析我国全面参与经济全球化的新机遇新挑战，全面认识工业化、信息化、城镇化、市场化、国际化深入发展的新形势新任务，深刻把握我国发展面临的新课题新矛盾，更加自觉地走科学发展道路，奋力开拓中国特色更为广阔的发展前景。当前我国GDP总量虽已居世界第二位，而人均GNP却居全球第125位。尽管科技上已经可以实现太空行走，但人口多、底子薄、发展不平衡，生产力水平跨度大仍然是我们的基本国情。近两年源于美国的国际经济危机还在深刻地影响全球，也给我们带来了严峻的挑战。"治大国如烹小鲜"，我们已经走出了一条有中国特色的社会主义道路。但是，未跨的河，还要摸着石头过。民族伟大复兴之路，还任重道远。在这种情势下，作为一名政协委员，建什么言？献何种策？使命固然光荣，但是责任十分重大，任务也非常艰巨。

**二、选准主题，找准定位**

搞好调查研究，首先要做到的，是选准主题，找准定位。

俗话说："良好的开端，是成功的一半。"我认为，选准主题、找准定位就是一个良好的开端。

关于选准主题，找准定位，我有这样几点思考：

一是选题应该具有全局性、综合性和前瞻性。选择当前影响经济与社会发展的重点、热点和难点。这些具备"三性"和"三点"特征的主题，时代性强，影响深远，具有现实性、紧迫性，都可以作为选择的内容。

二是运用集体智慧建言献策。专题协商方式是全国政协近年来建言献策上的创举，我认为也是体现用科学发展观指导调研工作及深入发挥政协委员参政议政作用的积极探索。影响经济社会发展全局的问题，往往成因复杂，涉及面广，"牵一发而动全身"。这些问题领导关切，民寄重望，受到广泛关注。应充分发挥政协人才荟萃、智力密集的优势，通过实地调研，运用集体智慧，重大问题采取专题协商的方式去建言献策。

三是提建设性意见，在改革上下功夫。13亿中国人走上伟大的民族复兴之路，是前无古人的壮举，遇到的问题纷繁复杂，浩如烟海，其困难可想而知。跨越式发展成就巨大，但困难和问题也会快速积累。即便是正确的决策，实践中也难免走样。我们应以开放的心态，充分借鉴人类文明史上的一切积极成果，去分析问题，作深层次探求。对经常出现的困难要从规律上去寻找原因，对反复出现的问题要在体制上深入思考，所议内容应抓住本质，分析原因，提出有针对性、可操作的建设性意见，深层次的问题一般要在体制机制改革上下功夫。

四是找准定位。政协主要负责同志在接见政协委员的一次活动中对新委员提出了"要调整好心态，找准自己的位置"的要求。提醒政协委员是"建言献策不决策，参政议政不行政"的角色。我认为这个提醒对以前曾在政府部门从事行政工作的同志尤其必要。角色变了职能要变，我们的职能是民主协商，参政议政，建言献策；是推动和促进而不是取代决策和行政；是"帮忙而不添乱"。

政协倡导协商民主，少数人的意见也会受到尊重。选举民主与协商民主相结合是我国民主政治建设的特点和优势之一。

近年来，全国政协经济委员会坚持专题调研"少而精，要管用"的原则，努力发挥经济委员会的整体优势，联合有关民主党派、界别和地方政协，确定了"加强和改善宏观调控""推进发展现代农业""加强流通体系建设"等五个专题和"深化收入分配制度改革""发展海洋经济"等三个跨年度的专题调研。

我觉得上述几个调研专题较好地体现了全局性、综合性和前瞻性，需要运用集体的智慧，深入调研，反复研究，长期跟踪。

### 三、科学的态度，务实的作风

开展专题调研，反映社情民意，需要科学的态度和务实的作风。那种"情况不明决心大，心中无数点子多"的主观唯心主义是误国害民的祸端，不可能实现"建睿智之言，献有据之策"的目标和要求。

"实事求是"源于《汉书·河间献王刘德传》，说到汉景帝之子河间献王刘德治学时有"修学好古，实事求是"的评语。以后流传下来，逐步从研究领域延伸到现实社会生活领域，泛指求真务实的治学、治国、处世的态度。有一块"实事求是"的牌匾挂在岳麓书院讲堂檐前，1917年湖南工业专门学校迁入岳麓书院合并办学，校长宾步程撰写此匾作为校训。毛泽东在1916—1919年间曾三次寓居半学斋校长室，实事求是的主张和思想对他产生了深刻影响。1937年毛泽东在延安抗日军政大学讲课后，书写"实事求是"作为抗大的校训。作为中华民族的优秀文化传承，"实事求是"是科学发展观的重要组成部分，已经成为改革开放以来全国人民共同遵循的思想路线的重要内容。只有实事求是才最有力量，只有实事求是才经得起历史的考验。

深入实际，身临其境，切身感受，是实事求是的基础。

举几个我亲自经历的调研活动实例，来谈谈我对实事求是的科学态度和求真务实的工作作风的认识和体会。

2005—2006年，为落实政协主要领导的指示，加快面向与东盟合作地区的建设，我们应广西壮族自治区的要求，由陈清泰委员任组长,我为副组长的专题调研组四赴广西,一下西南三省一市,累计行程上万公里,就广西北部湾经济区建设开展了为期一年多的调研。其间,贾庆林主席和王忠禹、郑万通副主席都曾亲赴广西指导、视察,最终提交了调研报告。2008年元月,广西北部湾经济区建设方案获国家正式批准实施。

2008年夏,在白立忱副主席的带领下,我们调研组就云南省兴边富民工程实施中的困难和问题开展了为期十天左右的考察。调研中,我们上哨所,进村寨,访贫苦,问饥寒,行程数千公里。该调研报告后经温家宝总理等国务院领导批转国家各部委研究落实。

2009年夏,我们在兴边富民调研的基础上,又进行了对云南向南开放的跟踪调研。认为要解决云南乃至我国西南"向东开放是边缘,向南开放是前沿"的问题,提出"希望在外,关键要通"的"南向通道"建议,得到国家领导人的高度重视。目前包括云南在内的西南各省正在认真落实与相邻国家"协力共建,共同发展"向南开放的发展战略。

"实事求是,求真务实。"说起来容易做起来难,有时还是一场斗争。但是,这是共和国为之付出了巨大代价的刻骨铭心的历史经验总结,是人们发自肺腑的共同心声,是中国共产党明确提出的思想路线的重要内容。要真正做到讲真话、办实事,需要勇气、忠诚、无私和正义感。尽管艰难,甚至需要为此付出巨大的代价,仍然应该成为我们每个政协委员矢志追求的方向和目标。

## 四、言简意赅,直奔主题

山东省潍坊市郑板桥陈列馆有一副郑板桥题书斋联:"删繁就简三秋树,领异标新二月花。"我认为,其深刻的内涵可以借鉴体现到政协议事、专题调研与反映社情民意的发言和书面提案中。那就是:议事时口头与书面表达,都不要穿靴戴帽,长篇大论,空洞无物,不知所云。应该删繁就简,突出重点,言简意赅,直奔主题。讲短话,抓关键,议本质,也是一种能力。这是实事求是、求真务实的思想路线与工作作风在文风上的表现,也是政协议事的优良传统之一,应该继承和发扬光大。

反复议论同一议题,要力争有新意;重大问题未解决,应扭住不放,锲而不舍,跟踪调研;所提建议,要把理想和现实、目标和实现过程、需要和可能结合起来;建议的观点要鲜明,力争正确;引用的数据与事实应当准确、详实。

再举几个经济领域的事例来说明。

——关于把扩大内需、促进消费作为我国经济发展长期坚持的战略方针问题。这个方针国家已强调多年,但真正引起普遍重视并得到比较有效地实施还是在国际金融危机对我国经济产生冲击以后。包括经济界别在内的政协委员纷纷提出具体建议。比如:要把扩大内需为主与稳定外需相结合,扩内需必须稳外需;在增加国家投资带动力的同时,要为社会投资留出空间;促进消费要研究鼓励政策,清除一些体制机制方面的障碍，等等。

——关于加快转变经济发展方式问题。委员们提出：国际金融危机对我国经济发展的冲击实质是对发展方式的冲击；转变发展方式的关键是调整经济结构；要加快建设绿色低碳经济的步伐；高度重视科技、教育在经济社会发展中的基础作用与高端设计；以创新为动力，改造提升制造业，培育发展战略性新兴产业，大幅提高现代服务业在经济中的比重；虚拟经济要为实体经济服务，等等。

——关于促进消费。委员们提出：要逐步扩大居民消费的比重，调整国民收入分配结构，重点增加农村和城市低收入群体的收入水平，提高居民消费能力；建立并完善教育、医疗、养老等城乡社会基本保障体系，改善居民消费预期；积极稳步推进城镇化建设，推动经济可持续发展，促进基本公共服务均等化，等等。

——关于区域经济协调发展问题。推动区域经济协调发展是全国政协近年来"围绕中心，服务大局"工作的一个亮点。在全国政协领导和委员的共同努力下，先后提出的天津滨海新区、北部湾经济区、海峡西岸经济区等都已成为国家区域发展战略的重要组成部分。实施西部大开发战略已有十年，十年开发，十年跨越，成就史无前例。但西部经济发展差距相对差距在缩小，绝对差距仍然在扩大。近年来，政协经济委员会多次组成专题调研组，对涉及区域经济协调发展的若干重大问题，如特色优势产业、基础设施建设、税源向资源地转移、营业税改增值税、逐步实现以征收间接税为主向征收直接税为主转变等进行调研，最终提出了供党中央、国务院决策参考的建议报告。

### 五、终身学习，再上层楼

历史唯物主义和辩证唯物主义告诉我们：任何事物都是不断发展变化的。任何人的认识都难免会存在历史的局限性和主观片面性。人们说，如果把儿时知识归集为一个圆，它的圆周对应的无知面是短小的。随着年龄增长，知识面也相应扩大，但它对应的无知面也增加了。政协委员也不例外，要搞好建言献策，必须坚持不断提高自身素质，终身学习，再上一层楼。这是"建睿智之言，献务实之策"的基础。

离开了繁忙的一线工作，现在有了更多的时间读书、学习、思考，也有了较多的时间自省内心、反思历史、借鉴他人。过去说话多，现在要注意倾听；过去忙于事务，无暇多思，现在有了更多的时间去思考。当下值得我们学习和思考的经济方面的问题就不少。

比如：

经过三十多年改革开放的中国走出了一条中国特色的社会主义道路。中国在应对当前还在产生深刻影响的国际金融危机中表现出了更强的抗危机、抗冲击的能力，向世界展现了我们的勃勃生机和独特优势。但是，我们毕竟人均GDP才四五千美元，发生在人均GDP三四万美元的美、欧、日的金融危机应该带给我们更多深层而冷静的思考。中国经济未来会不会发生危机？发生危机有何条件和迹象？如何规避风险、进行反周期调节？等等。我们要十分珍惜这个百年难逢的学习机会，认真思考国际金融危机的根源、影响和出路，这个题目本身就是一个世界性课题。

又比如：

中国涉外资产有相当大的比重是以美元资产的方式存在的，美元贬值将带来重大损失。如何加快涉外资产多元化的步伐？如何改变世界储备货币对单一主权货币的过度依赖？如何加快国际货币体系改革的步伐？如何加大对主要储备货币国家金融体系的国际监督？等等。

又比如：

要牢固树立只有改革开放才能更加强大和安全的理念。同时丝毫不能放松和忽视必须趋利避害、从战略上高度重视经济安全的问题。不能因为出现了国际金融危机就影响以开放的心态向人类文明学习借鉴的进程，更不能因此而动摇对外开放的基本国策；坚持绝不以牺牲精神文明和环境资源为代价去发展经济的方针；粮食要始终坚持立足国内，不对别人抱任何幻想；金融是个关键、敏感的领域，必须坚持自主、可控、渐进、安全的对外开放方针；重大战略资源和商品必须增加储备并建立相应预警机制，等等。

又比如：

中国的和平崛起，总会遇到来自世界的时而"威胁论"、时而"崩溃论"的声音以及时而"打杀"、时而"捧杀"的言行。无论我们的动机如何善良，即便是举办奥运会这样的事也有人非议和反对。如何在这些"冷战思维"或"奇谈怪论"中冷静面对，妥善应对，走向成熟？如何加强"软、硬实力"的建设、交流、合作？立足于把中国自己的事情办好，为国家经济建设创造良好的国际环境，等等。

当今世界和中国经济与社会发展中的许多现象和事实，现代西方经济学已经无法做出科学的解释。传统的马克思主义经济学理论也需要加快中国化、时代化、大众化的进程。我们应当继续努力借鉴和学习世界各国文明发展的一切积极成果，结合中国的实际，向历史学习，向实践学习，向理论学习，不断充实自己和提高自己。活到老，学到老。终身学习，更上一层楼。

路，还很长。改革和发展都未有穷期。

"路漫漫其修远兮，吾将上下而求索。"

（此文为作者2011年6月在第十一届全国政协第2-7期

委员学习研讨班上的发言）

# 努力实现高质量发展

党的十九大报告指出,经过长期努力,中国特色社会主义进入了新时代,这是我国发展新的历史定位。

改革开放四十年,使我们认识到一个颠扑不破的真理:发展才是硬道理。必须坚定不移地把发展作为党执政兴国的第一要务。这对国家、民族而言是硬道理,对地区、行业、企业而言同样是硬道理。努力实现高质量发展是新时代的根本要求。

发展需要增长,但增长却不同于发展。改革开放以来,我们曾经历过阶段性高速增长。在一穷二白的基础上,温饱尚未完全解决的情况下,高速增长具有历史的必然性和时代的合理性。但是,当中国已经崛起为世界经济总量第二时,那种劳动力廉价、资源低价、环境无价的增长方式已难以为继。人民日益增长的美好生活需要和不平衡不充分的发展之间的矛盾,已经成为我国社会的主要矛盾。高质量发展成为新时代的硬道理。

高质量发展,就是能够很好地满足人民日益增长的美好生活需要的发展,是体现新发展理念的发展,是创新成为第一动力、协调成为内生特点、绿色成为普遍形态、开放成为必由之路、共享成为根本目的的发展。

新时代、新目标、新征程、新起点。当前的主要任务是：联系行业企业的实际，狠抓落实，在新理念的引领下实现高质量发展。

据初步核算，2017年我国国内生产总值实现82.7万亿元，同比增长6.9%。最终消费支出对GDP增长的贡献率为58.8%，消费成为中国经济的首要引擎。我国服务业增加值达到42.7万亿元，增长8%，占GDP比重为51.6%，服务业稳居各产业第一拉动力。其中，商贸流通业增加值实现10.7万亿元，占GDP的13%，成为仅次于制造业的第二大产业。

实现高质量发展，全面提高人的素质是关键。为此，经济界及全社会都应增加教育与科技的投入。

高质量发展应该是创新的发展。创新是人类社会永恒的原动力。当前的创新很多是模式创新，而革命性的技术创新难度很大。激烈的市场竞争，使企业始终处于"逆水行舟，不进则退"的状态。互联网、大数据、人工智能等科技创新、管理创新、商业模式创新等都要结合自己的实际，积极推进。据外电报道，2015年，中国的研发开支以年均18%的速度增长，是美国增速的4倍以上。2016年，中国人作为第一作者发表了42.6万余篇学术论文，超过同期美国的近40.9万篇，居全球第一。

高质量发展应该是协调的发展。协调发展是可持续、健康发展的客观要求。我国城乡与东、中、西区域发展差距大，一、二、三产业不协调，农村人均消费只有城镇水平的六分之一，经济与社会各领域的发展不平衡，产品数量多、品牌商品少，行业的基层工作和企业的基础工作欠账很多，家庭式经营、经验型管理普遍存在，现代化管理水平低，标准体系、统计体系在企业仍很薄弱。问题导向改革的发展，任重而道远。

高质量发展应该是绿色的发展。这是对生存与生产自然环境规律的敬畏，也是对生命的尊重，谁违反谁将受到大自然的报复和惩罚。循环就是绿色，节约就是低碳，无论在商贸流通还是生产领域，发展潜力都很大。如果每个企业都能做到节能减排降耗，就是为全社会奉献的"金山银山"，也是为子孙后代创建了可持续发展的未来。"但得方寸地，留与子孙栽"。

高质量发展应该是开放的发展。开放可以强国，国强更应开放，这是对治国理政规律的深刻认识。禁锢和封闭是没有出路的。国家开放可以促改革促发展，企业开放可以促进步促成长。开放的文化就是在比较中互学互鉴、鼓励竞争、互通有无、崇尚进步、追求卓越的文化。开放发展可以使积极进取的国家、行业、企业实现跨越式发展。

高质量发展应该是共享的发展。共享是我们治国理政的出发点和目的，也是我国参与全球治理深得民心的进步主张和人类命运共同体的重要内容。共享经济强调"享有而不必占有"，是主张在一般不新增资源投入和环境污染的前提下提高利用效率的一种经济，近年来发展很快。对于住房、汽车、单车等居住与出行的生活需求，西方发达国家从拥有到享有的历史都比我们长，而我们拥有群体曾一度很少，享有时间也短。但是，人们对物质财富的拥有仅是手段，享有才是幸福生活的真实目的和内容。从这个意义上去认识共享经济，西方国家发展共享经济的内生动力小，而对人口众多的发展中国家而言则发展空间巨大，前景广阔。目前，共享经济已有向生产、文化、社会服务方向发展的趋势。

实现高质量发展，党的十九大已明确在国家层面要建设现代化经济体系。主要任务是深化供给侧结构性改革、加快建设创新型国家、实施乡村振兴战略、实施区域协调发展战略、加快完善社会主义市场经济体制、推动形成全面开放新格局。为此，国家将加快形成推动高质量发展的指标体系、政策体系、标准体系、统计体系、绩效评价、政绩考核，创建和完善制度环境，推动我国经济在实现高质量发展上不断取得新进展。

实现高质量发展，还要着力构建充满活力的微观主体。目前，我国市场主体已达9000多万户，其中企业约3000万户，再加上约2亿家庭经营的农户和城市非工商户创业者，形成了经济发展的重要微观基础。充分调动包括企业在内的各类市场主体自主决策、自主经营的积极性主动性创造性，将从经济体制上保障我国经济实现高质量发展。

十九大已经为我们的未来描绘出壮丽的蓝图，新发展理念正在深入人心。理念引领行动，方向决定未来。对企业而言，从这个意义上讲，重要的不是从什么起点出发，重要的是在朝着什么方向前进！

（本文写于2017年12月）

# 老字号　新字号

　　一百年前,为庆祝美国开凿并管理的巴拿马运河开航,在美国旧金山市举办了《巴拿马太平洋万国博览会》。据有关资料显示,当时,刚结束封建帝制不久的中华民国政府,组织全国19个省的4172个单位和个人的万余种商品远赴美国参展。万国博览会从1915年2月20日至12月4日,历时九个半月,参观人数超过1900万,展期与参观人数均创国际博览会之最。中国展品获各种大奖74项,金、银、铜牌等奖1200余枚,在全部三十多个参展国中独占鳌头。这是中国品牌第一次较大规模地走向世界,也是包括我国会展业在内的我国经济,在自明朝郑和七下西洋实行闭关锁国的政策之后,第一次在国际上崭露头角。

　　参加今天座谈会,我高兴地得知:据唐鲁孙《酸甜苦辣咸》等书籍记载,北京果脯曾荣获巴拿马太平洋万国博览会金牌奖章,与中国参会的所有获奖产品一起为中华民族赢得了荣誉。

　　红螺食品是中华老字号大家庭中独具特色、很有代表性的一员。红螺的发展经历了从满清王朝到新中国成立的沧桑巨变,走过了从建国初期的公私合营北京市果脯厂到今天的北京红螺食品有限公司的漫长历程，改革开放以来尤其是建立现代企业制度以后，红螺又形成了"果蔬杂粮制品科研开发、原料种植、订单农业、精深加工、物流配送与线上线下营销"的一体化经营商业模式。红螺，从历史走来，正向现代化的未来奔去。

今天，各位嘉宾相继做了热情洋溢、满怀期待的讲话。红螺的"北京果脯传统制作技艺"被列入市级非物质文化遗产代表性项目名录，收获了"中华老字号京城果脯第一家"的光荣称号，《品味红螺》书籍也已出版发行，这些都说明红螺食品是老字号企业的典型代表，有着丰富的传统文化积淀和无形资产。同时表明，红螺公司又站在一个创新引领未来的新历史起点上。

优秀的商业文化是中华民族优秀传统文化的有机组成部分。老字号企业是中华民族优秀商业文化的瑰宝，是我国经济战线的骄傲与自豪。我国老字号企业及其商品，都有着自己充满艰辛和不平凡的创业史，经历过时代变迁与岁月洗礼，长期受到广大消费者的青睐与钟爱。他们坚守诚信，重视质量，热情服务，坚持精益求精的工匠精神，是我国经济建设中闪亮的金字招牌，也是我国最早的民族品牌。

在社会主义市场经济条件下，老字号也已成为平等的一员，同样面对着激烈的市场竞争。各级政府曾经以各种方式，帮助化解和减轻了老字号历史遗留的各种不合理的经济负担，其目的在于帮助老字号平等地参与市场竞争。老字号中的"老"字，代表着丰富厚重的无形资产，也饱含广大消费者和社会的深情与敬意。但是，"市场经济不相信眼泪",优胜劣汰的市场法则同样高悬在我们头上,有着光荣传统的老字号也面临新考验。新时代大量涌现的"新字号"铺天盖地而来,他们以崭新的理念、灵活的机制、竞争的意识、先进的技术、雄厚的资金、规模化经营和科学的管理,给传统的老字号带来严峻的挑战。即使在实力强大的世界500强之间,也充满优胜劣汰的竞争。有统计资料表明,1995—2005的十年间,美国该时期一百多家在500强中的大企业,至2005年时也仅余40%左右的幸存者。世界500强和百名品牌榜单的变化说明,新字号正在以勃勃的生机,在不少领域早已超过老品牌,而且还有不断扩大的趋势,对此,我们必须要有清醒的、客观的认识。老字号应对这种形势的办法,唯有创新。视昨天为历史,视今天为起点,向创新要未来。学习新字号,敢于与新字号竞争,创新发展,天高地广,在这方面,"从来就没有什么救世主,全靠我们自己!"

创新精神贯穿老字号的历史,创新也决定着老字号的未来。随着市场经济的深入发展和第四次工业革命的到来,老字号企业更应该走在时代的前列,把改革开放、质量效益、转型发展作为企业进一步发展的目标和继续前进的动力,把法制、诚信、创新与先进的科技相结合,坚定地继承优秀传统,努力去争取更大光荣。

习近平总书记访问欧洲时曾经讲过:在世界工业革命以前的数千年中,中国一直走在人类文明的第一方阵。后来由于封建统治者的夜郎自大,固步自封,中国沦为半殖民地半封建社会,使人民经历了苦难而悲惨的生活。如今睡狮醒来,我们要做热爱和平的醒狮。今天,党和国家更加重视民生。人民对美好生活的向往,就是我们奋斗的目标。

怀柔山清水秀，人杰地灵。这里是 2014 年亚太经合组织（APEC）领导人非正式会议举办地，曾经是聚光灯下、万众瞩目的地方。今天，我们相聚雁栖湖共话品牌建设工作很有意义。品牌，是商品星光灿烂世界中耀眼的明星；是劳动者对质量与特色矢志不渝的追求；是对诚实守信心无旁骛的坚守；是精卫填海、杜鹃啼血、坚忍不拔精神的结晶。老字号品牌是中华商道与商业文化的传承者。

我希望中华老字号工作委员会和中华全国商业信息中心以改革的精神、开放的心态，发掘更多的商业历史品牌，支持在创新驱动、转型发展中创建新的品牌，使"老字号"这块金字招牌历久弥新，永远耀眼夺目、焕发出勃勃生机。

（此文为作者于 2015 年 6 月 16 日在出席北京怀柔雁栖湖中华老字号企业座谈会上的讲话）

# 以史为鉴　坚定理论自信

中国社会科学院经济研究所研究员、中国商业史学会老会长吴慧先生主编的《中国商业通史》，自2004年第一卷出版，已经过去10年了。这部集中了我国社会科学院所和大专院校最强阵容的商业史专家队伍，历时五年编纂出版的中国商业史研究巨著，获得了2008年度孙冶方经济科学奖。盛世修史，这是我国商业发展史上一件创举和空前盛事。在此，我代表中国商业联合会，对吴老和他的编写团队表示衷心的感谢和崇高的敬意。

中国商业史是中国经济史的重要组成部分。"以史为鉴，可以知兴替"。上下五千年，纵横千万里，中国商业终于有了自己的通史。铭记历史，创造未来。《中国商业通史》的出版，是中国商业走向未来的基础文化建设和奠基石。

中国的通史著述，历史上取得过巨大的成就。司马迁的《史记》时间跨度长达三千年，内容包括政治、经济、军事、文化、科技、民俗等，是一部典型的"通史"。早于《史记》的史书，世界上只有古希腊的《希腊波斯战争史》和《伯罗奔尼撒战争史》两部史书，写的仅是战争专门史，内容的时间跨度分别是 50 年左右和 27 年，远不能与《史记》相比。中外史书中，司马迁这位历史巨匠，还是第一个为工商业者立传的史学家。司马迁当之无愧地成为世界文化名人。

阅读《中国商业通史》，使我们徜徉在历史空间的星光下和时间的长河中，受益匪浅。

这是一部中国商业发展史。商业是从事交换的产业。最早的商业文字记录，也许是《周易·系辞下》。该文说道："神农氏作，……日中为市，致天下之民，聚天下之货，交易而退，各得其所。"传说，神农炎帝时期就已经出现从事货物交换的集市了。

这是一部商人成长史。据传，商部落的始祖叫契。契与大禹同时代，其六世孙为商王亥。王亥掌握了"服牛驯马""牵牛鼻子"的技术，从此牛马成群。与外部交换商品时，成群的牛马行进，尘土飞扬。人称"商人"来了。从此，专做买卖的经商之人便被称为"商人"。时光荏苒，到了明清之际，形成了以徽商、晋商为代表的"商帮"和"会馆"。胡雪岩、乔致庸等便成为商人的典型代表。

这是一部商业政策不断改革进步的历史。从齐国时期管仲的"士农工商"四民职业之分，到魏时李悝、秦时商鞅、汉时桑弘羊、唐时刘晏、宋时王安石、明时张居正等，在不同的历史时期，独领风骚，不断变法，实施"官山海"的措施，先后对盐、铁、酒、茶等商品实行专卖政策。同时，在不同时期以不同政策对待民营商业，致使在各自的历史阶段，出现了国库充盈、财力增长，人民生活也得到相应改善的局面。

这是一部商业经济思想不断创新的历史。《中国商业通史》在前言凡例中就开宗明义地指出：我国自古以来存在两种经济思想：一种是主张自由放任，一味鼓吹发展私营经济，不要国家干预；另一种是主张国家对经济要有一定的调节和干预，在注重私营商业发展的同时，不全盘否定官营商业的积极作用。《中国商业通史》的经济思想属于后者。

《中国商业通史》中提到的《计然之策》已经不能见其全貌，"计然"是指人还是指著作，史家也多有争论。但通过《史记》记录的基本观点来看，《计然之策》充满朴素的唯物主义和辩证法思想，简直就是商业领域的《孙子兵法》。如："旱则资舟，水则资车，物之理也""贵出如粪土，贱取如珠玉""务完物，无息币。以物相贸，易腐败而食之货勿留，无敢居贵"。商圣范蠡治国理政经商都大量采用《计然之策》，"能择人而任时""与时逐而不责于人"。商祖白圭提出的经商之道叫"人弃我取，人取我与"。上述经商思想与现代经济学的基本理念和被称作股神的巴菲特投资格言"别人贪婪时我恐惧，别人恐惧时我贪婪"，是完全一样的。所不同的是，中国人的商业经济思想要比股神巴菲特早两千多年。

《中国商业通史》的内涵十分丰富。它还包含了区域商业经济和少数民族地区经济发展史以及与国际经济贸易的比较分析，涉猎广泛，成就喜人。我非常赞成中国商业史学会与中国商业经济学会推进商业史文化进课堂的主张。希望落实到路线图和时间表上。让中国商业史研究成就不断发扬光大。如果做到了这一点，也可以说是我们对《中国商业通史》出版10周年最好的纪念。

读罢《中国商业通史》，也引起我们对一些经济问题的深思。比如：儒家主张经济自由的思想在历史上同样发挥过积极作用，"文景之治""贞观之治""康乾盛世"都实施过"与民休息"的政策，而且实现了史称的"治世"。为什么儒法经济思想之争在"重农抑商"方面长期以来基本上是统一的，可以说也印证了马克思讲的"生产决定消费"的原理，说明落后的生产不可能有发达的流通业。当前还在产生影响的国际经济危机，使所有国家都重新认识到实体经济的重要，这一切在整个历史的长河中得到了充分的印证。为什么每一次法家的治理和改革总是出现在经济自由放任、两极分化、国库空虚、垄断盛行之后，这给制度化建设带来哪些启示，等等。

当前国际经济形势正在发生复杂深刻的变化。国内经济也处于改革突破、创新驱动、转型发展的关键时期。西方经济学已经不能完全解释当今世界经济发生的所有现实，马克思主义经济学也应加快中国化、时代化、大众化的步伐。我们不要把希望寄托在西方世界给我们颁发一个建立在西方价值观体系上的诺贝尔经济学奖，占人类五分之一的中国人应该有能力把成就写向中国的大地和人心，写在人类生生不息的发展史上。在中国特色社会主义道路丰富实践的基础上，总有一天，由中国人书写的《东方经济学》一定会诞生。

我们要有这样的理论自信。

（本文是作者于2014年7月29日在北京举办的"纪念《中国商业通史》出版10周年座谈会"上的讲话）

# 探索具有中国特色的会展业发展道路

现代会展业是现代服务业的有机组成部分。它是一个经济体展示创新成果的橱窗,是信息与商品交流交换的平台,是发展趋势的风向标,是经济发展水平的标志与缩影。

在我担任广交会理事长期间,曾对世界展览业发达国家进行过为期两年比较系统的考察。我国的展览业是一个充分对外开放的领域。中国近年来已成为世界上展览业发展最快的国家。

学习和借鉴世界发达国家的成功经验,结合我国实际,走出一条具有中国特色的会展业发展之路,是我们共同面临的光荣使命和历史任务。

## 一、会展业与经济

被称作经济学泰斗的亚当·斯密系统地分析了国民财富产生、分配与持续运转的内在规律。他在1776年首次出版的《国富论》中指出:分工的原因是交换,交换形成了市场。

城市是社会经济发展的产物。市以城立，城以市兴。河南安阳的殷墟是我国目前所知最早的都城之一，已有三千四百多年的历史。始于先秦、名于西汉、盛于唐朝的古丝绸之路，首开中国古代开展对外贸易之先河。宋朝张择端留下的不朽名作"清明上河图"，表现了北宋都城开封商业服务业繁荣兴盛的真实情景。

经济发展和社会进步，使市场逐渐兴盛，规模不断扩大。会展兴起，门类很多。随着市场不断繁荣昌盛，商贸类会展业作为市场的有机组成部分，开始成为主角，独立展现。以展示最新成果和促进交换为其主要功能的会展业应运而生。历史和现实告诉我们，在经济、市场与会展业的关系中，经济是市场的基础，市场是经济实现价值交换的地方，会展是展示最新成果的场所；市场一般销售成熟而现成的产品，会展大多是批发未来生产的商品，新产品占比高；市场常年开设，展会时间短暂，等等。会展业是经济与市场的窗口、标志和缩影。现代会展业是现代经济皇冠上闪光的宝石。

## 二、世界会展业的发展

会展业的诞生和发展与人类经济社会活动相伴而生。据美国人莫罗先生所著《会展艺术》一书介绍，《圣经·以西结书》曾记载了地中海东岸一个腓尼基城市——提尔早在两千多年前就举办过展销会。

会展业的英文称谓是Exposition，源于古法语。

现代会展业被认为始于1851年在英国伦敦举办的首届世界博览

会，史称水晶宫博览会。它在约9万平方米的面积上展示了10万种左右的产品。在五个半月的时间内接待了大约604万名观众，创造了当时营利性、世界性和规模最大的世界纪录。

德国被公认为是"现代展览业王国"。汉诺威、法兰克福、科隆、柏林、慕尼黑、莱比锡等一批城市都有一流的会展企业、展览和展馆。据德国会展协会（Auma）统计，近年来世界展览面积排序前十位的大展有6-8个每年或每两年在德国举办。至2010年为止，世界最大的展馆在德国汉诺威，展馆面积为49.6万平方米。在中国广州交易会琶洲展馆启用之前，世界最大面积展览是汉诺威的通讯与信息技术博览会，展览面积在30多万平方米。世界最大的展览公司是总部设在英国伦敦的励展（Reed）公司，世界经济危机前的年营业收入达10亿欧元左右。

美、欧、日会展业各具特色。由于会展业能带来经济贸易的繁荣，欧、美各国政府均支持地方办展。但支持方式、组展模式、目标市场等各异。欧洲大多数政府参与城市建馆，由社会各方办展；北美及英国一般只建馆，由社会各专业展览公司办展。欧洲重交易，北美重展示，经常与协会等组织或论坛的年会同期举办。欧洲展览业国际化程度高，早已走向世界；北美重国内消费，吸收"来展"多，近年才开始走向国外，如美国金沙集团，已进入新加坡和澳门地区，而且规模很大。会议、论坛等活动与展览同时发展是欧美各国会展业的特点之一，每个大展馆都建有数十个到上百个小会议室和规模不等的中型、大型会议场所。日本、韩国迄今尚无进入前十名的商业大展，也无大馆，主要依托大企业集团兴办和参加本土或国际的汽车、家电等专业大展。新兴市场经济国家除中国外，展览业还处于成长阶段，迄今未见世界级的大展出现。

**三、遵循规律办会展**

1851年在英国伦敦举办的第一届世博会，揭开了近现代会展业的序幕。大约一百六十年以后，在上海举办的世博会以"城市，让生活更美好"为主题，向历史的新高峰冲击，创造着今天会展业的辉煌。2010年在我国举办的上海世博会，在黄浦江两岸的世博园区内，当代世界和中国的科技创新成果灿烂丰硕；对生命、城市、未来的思索与关怀积极深刻；以人为本、全面、和谐、可持续发展的理念充分展示；生态建筑、新能源汽车、太阳能、风能发电等低碳、节能、环保技术的大规模应用，使上海世博园成为名副其实的绿色生态园区。来自海内外的各种创新、创意、创造，在上海世博会这个大平台上相互交流、切磋，共同探寻人类科学发展、和谐建设之路。在欣赏各国精彩绝伦的建筑、异彩纷呈的展览、内容丰富的演出之时，我们深刻感受到，创新发展是成功办博的指针与核心理念。创新需要文化土壤。经济是社会的基础，创新是发展的动力，文化是城市的灵魂。"心中无文，行之不远"。会展业要想持续、健康地发展，必须植根于经济与文化的沃土。改革、开放与创新，将是民族自立、经济发展、社会进步永恒的动力。

会展产业属于服务业范畴。它既包括生产性服务业，又涵盖生活性服务业。随着我国社会经济的快速发展，会展业涉及的领域已经从过去的商品展示拓展到服务领域；已经从传统的物质产品的交易，发展到精神文明的交流；已经从通常的日用消费品等范围，扩大到软件、通信、高新技术与文化艺术等新兴服务领域。大型国际展会不仅带动了商品流通，促进了物流运输、商贸服务、餐饮、通信、广告、设计、旅游等相关服务业发展，而且增进了世界各国对中国优秀文化、发展成就、形象风范的认知。从这个意义上讲，会展业不仅促进了各个国家和地区之间的商品贸易、经济合作、人才流动以及信息共享，而且成为推动服务贸易和精神文化交流的桥梁和纽带。

谈到中国会展业，有必要介绍一下中国的广交会。有着六十多年历史的广交会长期被誉为"中国第一展"。目前每届举办三期，总展览面积已达116万平方米，已经成为名副其实的"世界第一展"。广交会受到了历代中央领导集体的关心，凝聚着近六十年来经济战线与外经贸人的心血和奋斗，尤其是改革开放近四十年的经济发展，成就了今日广交会的辉煌。近6万个摊位展示着超过15大类数十万种商品，呈现在来自世界210个以上的国家、地区的20万名左右的专业采购商面前，使广交会成为"我国一年两度常态化的最大的外事场合"。今天的广交会已经成为机电、轻纺各专业商品展览会组成的世界规模最大的博览会。温家宝总理曾经在广交会百届庆典上高度评价：广交会是我国经济发展和对外开放的"窗口""标志"和"缩影"。

中国在经济全球化深入发展的今天，已成为全球会展业成长最快的国家。会展业作为一个产业有自己发展的经济规律。对规律的认识与把握就是对会展经济的深刻认识。会展业是分层次的,它有国际、国内和区域之分。会展并非在任何地方都能得到成功的发展,成功的会展一般说来,或接近商品及服务的产地,或接近销地市场,或接近旅游、娱乐等人流来往频繁或集聚的地方。国际展览业协会UFI提出,国际会展业能够成功发展的中心城市,一般都具备以下五个条件:一是交通等基础设施发达,集散便利;二是人均GDP达到世界中等发达水平以上;三是服务业在GDP中的比重超过制造业;四是内外贸占比高;五是有成熟而强大的中介组织和配套的社会服务等等。目前,世界上展览业发展趋势是加快向专业展转变。会展主题体现出时代的脉搏。互联网等现代信息技术催生的电子商务、网上展览正在使展览业发生着深刻的变革。

会展业是涉及"吃、住、行、游、购、娱"的系统工程。德国科隆办展期间公交费全免,广交会举办时饭店、餐馆、出租车自觉打出欢迎的标语,等等。这说明兴办会展业需要举办城市全社会的广泛参与,需要政府长期一以贯之的坚守和定力,会展业也是对城市功能是否运转有效、是否完整的检验和拷问。

当前,亚洲已成为世界会展业蓬勃发展的地区,中国更是欣欣向荣的翘楚。但是,快速发展也带来一些值得关注的问题。一是缺乏对会展业规律的认识,盲目重复建馆,面积越建越大,利用率不高;二是重视硬件建设,不重视软件培育;三是定位不准,轻率追求"会展是支柱产业",到处都办"国际化展览";四是办展人才不足,专业化办展水平低；五是缺乏科学的宏观总体战略规划，"到处开花"，不知所从；六是会展业发展缺乏法制化管理。

2015年是我国参加《巴拿马太平洋万国博览会》一百周年，在那次展会上，中国展品曾获各种大奖74项，金、银、铜牌等奖牌1200余枚，在全部三十多个参展国中独占鳌头。这是中国经济在明朝"闭关锁国"政策之后，第一次较大规模走向世界。但是参展展品基本上是由农产品加工制品的酒、茶、丝和陶瓷等传统轻工工艺品组成，传统产品多，科技含量不高。当时的中国仍处在半封建半殖民地的落后制度之中。

世界经济仍处在艰难复苏的进程中。我国会展业也应创新驱动，转型发展。我们应当坚持实事求是的思想路线，遵循规律办会展，努力向着专业化、市场化、法制化、产业化、国际化的方向健康发展。在创新、协调、绿色、开放、共享五大发展理念指导下，积极探索出一条具有中国特色的会展业发展道路。

目前，我国正在筹备兴办世界上规模最大的中国进口商品博览会，我国首倡的进口商品博览会，正在书写中国会展业新的历史。

（本文成稿于2015年10月，2018年2月修订）

# 农产品具有社会公益性
## ——国外农产品批发市场借鉴

农产品是具有社会公益性的特殊商品，农产品批发市场是各国政府高度重视建设的特殊市场。世界主要发达国家农产品批发市场建设经验，可供我们借鉴。

**农产品的地位和作用**

农业，是人类生存繁衍最基本的产业。"民以食为天"，农业是人类食品唯一来源的产业。农业总规模与增加值在发达国家和发展中国家经济总规模与国内生产总值中的占比不断下降，与第二、第三产业相比是弱势产业。农民居住分散，农村的公共服务设施与生产、生活条件一般落后于城市，保护农业、维护农民利益，成为世界各国的主要施政目标和共同选择。相关国家都制定了不同的农业保护政策。比如，发达国家都有为农业产前、产中、产后服务的体系：美国农产品出口有国内支持政策，欧盟有出口补贴，日本有进口关税壁垒、国内高价及苛刻的安全卫生标准保护，等等。农业，是每个国家都必须高度重视的"生命线"产业。

农产品，是具有社会公益性的特殊商品。它生产周期长，生产成本波动大；生产受气候、灾害、疫病、季节、地理位置、生物品种等不可抗力因素影响，产量与品质难以稳定；异地交易的肉、禽、蛋、菜、果，运距远，损耗大，鲜活度要求高；农产品与食品安全受到高度重视："民以食为天，食以安为先，安以诚为本，诚以质为根"；农产品消费覆盖全民，是每天都要发生、事关每个人切身利益的特殊商品。"柴、米、油、盐、酱、醋、茶"，是每天出现在基层的"国家大事"。

## 国外农产品批发市场主要发展模式

鉴于农产品在民生中不可替代的地位和作用，世界各主要国家政府都高度重视农产品的生产和流通。在农产品批发市场建设中，不是把一切都推给市场，各级政府主动参与投资、积极依法监管、引导市场健康发展。只是把交易和结算交由市场自主决策。

由于受各国地理条件、历史文化、社会体制、农业与经济发展水平的影响，世界重要发达经济体的农产品批发市场主要表现为日、美、欧三种模式。

（一）以日本、韩国为代表的模式

日本和韩国都是小生产大消费的国家，农产品流通主要借助于批发市场完成，是生鲜农产品流通的主要渠道。批发市场发挥着价格形成、调节生产、满足需求、减少流通费用的作用，是解决小生产、大市场矛盾的有效途径。这种模式表现为"生产者——上市团体——批发商——中间批发商——零售商——消费者"，特点是规范化、法制化、效率高，但是环节多、流通成本较高。

日本：批发市场是日本组织蔬菜、瓜果、肉食和水产等生鲜食品的主要流通设施。果菜、水产品、花卉批发市场经由率分别为65%、61%和83%以上。中央批发市场由中央和地方财政投资；地方批发市场由地方财政、专业协会、股份公司多元化投资。日本农水大臣及地方都道府县知事及批发市场开设者分别对各级市场依法监管，对入场的批发商、零售商资格审查、对违反法规者进行处分或处罚。交易办法有拍卖、招标或对手交易。交易货款一般实行当日由交易方或代理结算。日本农协是组织农民进入流通领域的关键组织，有强大的经济实力，是遍及全国的民办官助的农民经济团体，在批发市场上的上货率超过50%。

韩国：农产品批发市场经由率为56%左右。首尔可乐洞批发市场形成的价格是全国的价格基准。全国32个公营批发市场100%由地方政府投资建设。除其中3个由地方政府投资成立管理公司进行管理外，其余全部由地方政府参与管理和经营。农产品共同销售市场由政府、社团和生产者团体共同投资建设和运营，执行国家标准。农林水产食品部长官及各级地方长官依法对批发市场开设者及批发商进行监管。农户将农产品交由流通公司、经纪人上市拍卖或直接交易，批发商替生产者销售，中间批发商主要替零售商或消费团体采购。结算由交易双方立即直接或按协议进行。批发商或批发中介按服务内容收取一定手续费。韩国水果蔬菜流通协会在组织农产品上市中发挥重要作用,首尔市场70%的蔬菜供应量掌握在该协会手中。

(二)以美国、加拿大和澳大利亚为代表的模式

美、加、澳等国农业生产者规模较大,零售连锁经营网络覆盖面广,直销体系发达,农产品销售均以产地直销为主。各州议会可根据需要,自主决定批发市场建设。美、加、澳模式农产品批发市场呈现出以下特点:一是产地市场集中;二是销地批发市场分布在大城市;三是流通渠道短、环节少、效率高;四是服务机构多、功能齐全;五是现货与期货市场并举,市场交易以对手交易为主。

**美国**:政府设立的批发市场由政府出资。马里兰食品中心是马里兰州议会于1967年依法设立的,政府出资建设并管理,非营利性质,自负盈亏。纽约的杭波特市场也是由政府投资土地和设施建成。美国果菜批发市场交易活动由批发商参考前一天成交价自主决定。电子商务比例网上交易占20%,电话交易占80%。成交后可自取或由批发商送货。市场监管如果是政府出资,如马里兰食品中心,由该中心管理局监管。每年向州长及州议会提交财务报告。结算方式由批发商与生产商自主约定,不实行市场统一电子结算。

**澳大利亚**:澳设立有6个较大的农产品中心批发市场及一批地区性批发市场,果蔬经由率一般为60%,其余40%由生产者直供超市。澳市场分公营与私营两种。公营的由政府出资建设。其中直接由政府管理的有两家,其余为委托管理。中央批发市场普遍采用生产者代理人制

与入场批发的交易商制,由所在州的农业局监管。中央批发市场货款支付方式由批发商和生产者约定。出现支付危机时保护生产者利益,生产者10天内未收到货款,可以向批发商索赔补偿。

(三)以法国、英国、德国和荷兰为代表的西欧模式

西欧模式是农产品批发市场与其他流通渠道并行发展。批发市场大部分农产品经由率高于其他渠道。大多数大型批发市场坚持公益性原则。西欧农产品流通呈现以下共同特点:一是鼓励发展产、加、销一体化;二是建有完善的现代化大型公益性农产品批发市场;三是在食品安全、农产品标准化生产方面普遍执行欧盟统一标准。

法国建有国家公益市场网络和协会,现有18个大型批发市场会员及40多个小型地方批发市场遍布全国中心城市及周边,农产品经由率为50%—60%,其中果菜为70%。大多数超市的货源为批发市场。西班牙食品中央市场国家公司统管遍布全国的23家市场会员。葡萄牙食品市场国家公司,建有8个批发市场和7个零售市场构成的网络。意大利食品和蔬菜批发市场协会在全国有30个市场会员,全国60%的农产品经由其批发市场流通。德国在全国有17个大型批发市场。英国主要城市和地区建有批发市场,大部分是公益性的。设有批发市场网络的国家和地方,尽管农产品直供比例在上升,但是,批发市场仍然是农产品流通主渠道。

在法国、意大利、西班牙和葡萄牙,国家和地方政府是批发市场的主要投资者,相关社团有少量投资。德国、英国公益市场由地方政府出资兴建,政府设立管理机构。荷兰公益市场,如鹿特丹果蔬专业

批发市场由地方政府投资。西欧国家公益农产品批发市场具有中央农产品批发市场的性质。一般是对手交易，不拍卖。

荷兰模式是西欧模式的另一种形式。荷兰是世界第三大农产品出口国，拍卖市场的股东由生产者组成，交易方式是拍卖。目前，80%的果菜、95%的花卉经拍卖市场分销至国外、小批发商或店铺。

市场监管。法国由投资建设的农产品批发市场的各级政府机构直接派员或参与管理、监督，政府牵头、多部委参与管理。产、销、运执行欧盟和法国标准，食品安全由食品和环境安全检察署监管；英国由环境、食品和乡村事务部负责监管批发市场；意大利由中央政府委派负责人主持，吸收农业、卫生、工商等部门、地方政府代表及工农商会代表组成，对农产品批发市场进行监管；德国由地方政府监管市场；西班牙和葡萄牙等国家设立国家公司和国家食品管理部门共同监管。

西欧各国农产品批发市场一般用非现金结算，没有统一的市场结算，支付方式由批发商和生产者约定。法国市场对肉类实行统一电子结算。目的是便于肉类质量追溯。

农产品的社会公益性及商品属性，客观上要求它的市场供应与价格应有更大的稳定性。这对市场经济条件下的农产品批发市场和关键基础设施建设提出了更高的要求，也是认识上的深化和理论建设更加成熟的标志。在这方面，政府这只"看得见的手"和市场这只"看不见的手"都要积极发挥作用。我们应该借鉴发达国家的经验，结合自己的实际，走出一条具有中国特色的农产品批发市场建设的道路。

（2016年8月10日修订）

# "华盛顿共识"遭遇严峻挑战

随着主张私有化的"华盛顿共识"的形成与推行,世界现代经济理论上的新自由主义盛极一时,对经济自由化、私有化和市场化的推崇走向极端。但是,随着2008年源于美国的国际金融危机祸及全球,以及对此前拉美经历"失去的10年"、亚洲金融危机、非洲经济增幅大降和欧债危机的深刻反思,新自由主义风光不再,"华盛顿共识"遭遇严峻挑战。

作为一种思想流派,新自由主义是在亚当·斯密古典自由主义思想基础上形成和发展起来的,它产生于20世纪30年代,以制度框架下的自由取代古典自由主义的放任自流,本身应该是经济学的一大进步,具有积极意义。但当时整个资本主义世界发生经济大萧条,主张国家干预的凯恩斯主义走向前台,新自由主义一度受到冷落。20世纪70年代末,资本主义由国家垄断向国际垄断转变,生产停滞、通胀和失业加剧,三位一体式的"滞胀"在资本主义世界漫延,凯恩斯主义又陷入困境。美国里根和英国撒切尔政府追捧新自由主义,使其成为西方经济学的主流。

20世纪90年代初，为向拉美国家经济改革提供对策，由美国国际经济研究所原所长约翰·威廉姆逊出面，召集总部位于美国首都华盛顿的国际货币基金组织、世界银行等国际经济组织和美国财政部等相关单位，形成"华盛顿共识"并向全世界大力推广。这些机构和部门以新自由主义为理论基础，着力强调要推行以超级大国为主导的全球经济、政治、文化一体化，即全球资本主义化。新自由主义以极端扭曲的方式进入其发展的巅峰期。

包括"华盛顿共识"在内的新自由主义经济理论，迎合了国际垄断资本抢占国际市场、向发展中国家扩张的需要，在顺应历史潮流的经济全球化进程中，还垄断话语权，又加进去"政治、文化一体化"的私货。它的泛滥和传播，给世界带来了广泛而深远的影响和灾难。

拉美出现"失去的10年"。阿根廷在20世纪初，人均国内生产总值曾位居世界第六位，相当于当时美国人均水平的80%。但自1976年开始，该国在"全球化就是资本主义制度一体化"观念的指导下，持续实行新自由主义经济政策，在20世纪末，深陷"经济灾难"：经济持续负增长，高达1500亿美元的外债无力偿还，人均国内生产总值降至2100美元，50%以上的居民生活在贫困线以下。由于推崇新自由主义，在1992—2001年的十年中，拉美国家年均经济增长率仅为1.8%，被称为"失去的10年"。面对严峻的经济形势，在新旧世纪之交，拉美十余个国家举行大选，其中巴西、委内瑞拉等七个国家的左翼或中左翼领导人赢得了国家领导权。

亚洲爆发经济危机。在西方国家推行新自由主义的压力下，亚洲实行大规模私有化，大力减少国家对经济生活的干预。1997年，泰国等亚洲国家在国际投机资本的攻击下，爆发了严重的亚洲金融危机，大批银行倒闭，国际储备下降，货币贬值，生产衰退。

非洲实施新自由主义"结构调整"方案的结果同样糟糕。在20世纪最后20年，整个非洲国内生产总值的平均增长率较此前的二十年几乎下降了一半。20世纪90年代，非洲国家人均国内生产总值更是呈负增长，为-0.2%。新自由主义的推行使"资本流向世界，利润流向西方"，导致穷国越来越穷，富国越来越富。

前苏联在快速推行私有化碰壁以后，经济急剧下降，走了回头路。

从全球范围看，美国主导的以全面私有化为制度基础的新自由主义全球化也伤及自身，激化了资本主义体系的各种矛盾。三十多年来，先后出现的每次危机，都成了美国及其控制的国际机构推行新自由主义的机会，"以新自由主义挽救新自由主义"，导致在实体经济中剩余价值实现的困难不断加大，资本大量向金融转移，金融投机、金融欺诈的规模不断扩大，金融风险不断积累，最终引发2008年国际金融危机。之后引发欧债危机，后来又迅速发展成全球性经济危机，至今使全球经济复苏仍在艰难中前行。

2006年5月底，时任世界银行增长与发展委员会主席、2001年诺贝尔经济学奖得主迈克尔·斯彭斯，在率领由11名重量级成员组成的工作小组和300名学界专家，开展调查达两年之后向世界银行提出报告。报告指出：13个在25年内实现每年至少增长7%的国家和地区的实践表明，政府参与具有积极作用，他们指出：各经济体的"增长不是一切，却是一切的基础"。增长的"原因"，因国而异，因时代而异。该报告虽然并没有完全否认"华盛顿共识"的作用，却在西方学术界引起强烈反响。英国《金融时报》首席经济评论员马丁·沃尔夫认为该报告是"供增长经济体参考的有益建议"；美国布鲁金斯学会客座研究员、美国纽约大学的经济学教授威廉·伊斯特利对报告"横加指责"，认为该报告表明"发展专家"模式最终崩溃；英国《金融时报》发表《增长的挑战》的文章，惊呼："华盛顿共识"已死。

最近几个月，法国青年经济学家、43岁的托马斯·皮凯蒂出版了名为《21世纪资本论》一书。该书在美国引起轰动，连续几个月高居社科类书籍排行榜首位，也成为全球经济界、政界和媒体关注的一个重点。《21世纪资本论》对从18世纪工业革命以来到现在的财富分配数据进行分析，认为自由市场经济并不能完全解决财富分配不平等问题。另有资料表明，以美国为例，自全球经济危机爆发后，新收入的95%被最富有的1%的人所攫取。如果不计资本收益，这些人2012年在全社会总收入中的份额超过了危机前的水平，达到19.34%，仅次于1928年危机的19.6%。这个完全实行自由主义市场经济和私有制的美国，已经不能"自动修复"危机，既失去了公平，也丧失了效率。关于解决财富不平等的出路，皮凯蒂认为应该从全球范围加强国际合作，增加金融透明度，制约资本主义，而不能放任自由经济完全靠市场手段调节。

新自由主义及私有化经济政策已经"流水落花春去也"。曾经目空一切的新自由主义被历史拉下了"神坛",人们开始用平视的目光,在充分肯定私营经济的活力和市场重要性的同时,开始客观公正地研究它,开始重新客观认识政府在宏观调控经济中的作用。既要重视发挥市场配置资源的决定性作用,又要防范市场经济的投机性和消极性,更好地发挥政府的作用,防止过度干预,反对贸易保护主义。世界经济在动荡中出现了深刻变化,正如古希腊哲学家赫拉克利特所说,人的脚两次踏入的已经不再是"同一条河流"。

(成文于 2015 年 10 月,2016 年 8 月 10 日修订)

# 重视GDP 不以GDP论英雄

1934年1月4日，美国商务部内外贸易局向国会金融委员会呈递《国民收入报告（1929—1932）》，这一天被视为GDP的生日。到2014年已整整80岁了。八十年来，GDP指标不断完善，成绩斐然，被美国诺贝尔经济学奖获得者保罗·萨缪尔森誉为是20世纪最伟大的发明之一。截至2012年，除个别国家外，市场体制已经普遍为世界各国所采用，每年有200多个国家和地区向联合国统计司报告GDP数据。在此期间，虽然质疑始终不断，但是，这个尽人皆知的统计指标，仍然是应用最广泛、具有国际可比性的经济指标，是统计数字家族里最耀眼的明星。

据《人民日报》载，美国商务部内外贸易局分析处与美国国民经济研究师的西蒙·库兹涅茨等经济学家合作，于1934年向国会提出的统计指标是"国民收入"（NI），而不是ＧＤＰ。在美国，经历过一段使用国民总收入即GNP的时期。1947年，英国经济学家斯通也提出了GNP的概念。在美国，GDP真正的诞生时间是1965年。同年，美国统计部门首次编制出分产业的GDP数据，以更好地反映生产结构特征，与GNP同时并用。直到1991年，美国才正式将GNP统计改为GDP统计，以便同国内的就业、生产率和工业产出等核心经济指标保持一致。

美英两国的统计实践成为GDP国际统计标准的基石。在美英两国上述实践的基础上,联合国以GDP统计为核心,先后于1953年、1968年、1993年和2008年推出"国民账户体系"(SNA)共4个版本,作为宏观经济统计的全球标准。部分原因源于上述开创性的贡献,库兹涅茨和斯通分别于1971年和1984年获得了诺贝尔经济学奖。

自1934年1月4日GDP诞生以来,走过了从NI—GNP—GDP的发展历程,其统计的内涵、外延以及测度方法在实践中不断完善。现在,按SNA—2008的最新版本的定义,GDP是一个地域内从事生产的所有常住单位创造的总增加值之和。如果这个地域是一个国家,GNP是GDP加上该国参与国际要素流动而得到的流入净收入,即从国外获得的要素收入,扣减本国支付给国外的要素收入。发展中国家的GNP通常小于GDP,发达国家则与此相反。

八十年来,GDP等经济总量统计取得了辉煌的成就。

首先,GDP准确记录了特定地理范围内的绝大部分经济活动,成为世界各经济体宏观经济政策制定者决定未来政策取向的关键指标;其次,GDP是增加值的总和,可以引导企业等市场主体理性决策,有利于经济平稳运行;第三,以市场为核心理念的GDP指标不断完善,具有可比性,促进了全球经济市场化;第四,GDP指标为现实和未来围绕幸福感而可能建立的一系列指标奠定了良好的基础。

推动经济平稳运行的典型案例是美国。据历史记载,在1945年之前的90多年间,美国经济曾出现6次严重萧条,波动振幅大,其中最严重的是1932年GDP比上年下降13%,平均每次持续大约36个月;而在1959年至今的55年间，衰退曾有5次，其中GDP降幅最大的是2009年，波动振幅减小，GDP比上年下降仅2.8%。

GDP自诞生以来，就受到广泛质疑。GDP是对经济活动测度的指标，但它不是万能的。人们对幸福生活的追求，演化成对GDP的过分要求和过高期待，GDP的局限性也尖锐地呈现出来。GDP不能充分地反映经济结构状况、经济增长的质量、资源枯竭与自然环境退化、价格、幸福感，经济全球化与国家经济发展的关系等等。

我国GDP指标始于1985年，至今已有三十多年的历史。GDP核算是国际经济统计标准SNP的起点。具体核算方法有生产法、收入法和支出法三种，涉及各产业增加值形成、分配和最终产品使用。GDP核算已经成为我们判断经济冷热、政策走向的依据。根据测算，我国近期GDP每变化1个百分点，就可以影响130万—150万人口的就业。可以说，我国GDP不能过低，低到一定程度就会影响就业、影响稳定，将成为政府宏观调控必保的"底线"。显然，GDP核算是整个宏观统计体系的基石。

展望未来，人类发展和社会进步测度的重心将从"经济生产"转向"可持续的幸福"。GDP在未来统计系统中的作用是难以取代的，但需要围绕"幸福"理念去完善，或者创建新的指标体系去补充。

GDP的增长不是一切，但它的确是一切的基础。我们不要简单地以GDP论英雄。

GDP不是万能的。我们要重视GDP，但不能唯GDP；我们不能告别GDP，但要告别GDP崇拜。

（成文于2015年10月，2016年7月25日修订）

# 标准化，人类文明进步的重要标志

## 一、中外标准化的历史沿革

标准，是技术法规，是生产力的重要组成部分。人类进化的历史是一部文明进步史，也是标准化水平不断进步的历史。没有标准化工作的现代化，就不会有经济的现代化。

标准化在中国有着源远流长的历史。中国是世界四大文明古国之一。在数千年历史的长河中，近代以前一直走在人类文明进步的第一方阵。司马迁在《史记》第一篇中就记载了尧舜时期观天象，分四季，统一音律和度量衡等最基本的标准化工作。秦始皇统一中国后，规定"车同轨，书同文"，统一度、量、衡，成为世界上古代标准化的典范。汉武帝统一标准，铸造"五铢钱"，在我国古代历史上使用了七百年之久。北宋毕昇于1042—1048年发明的活字印刷运用的标准件、互换性原理，比欧洲类似文明早了四百多年。英国科学家李约瑟曾指出：中国在公元3世纪到12世纪之间，保持了一个西方望尘莫及的科学技术水平，这些发明和发现往往超过同时代的欧洲，特别是15世纪之前更是如此。

经历了中世纪黑暗的欧洲，文艺复兴带来了思想解放，工业革命在英国兴起。生产力的爆发、国际贸易的繁荣、殖民主义的猖獗，使世界先后崛起了九个经济大国。与经济发展相伴而行的标准化迅速发展，在标准化发展史上出现了一系列里程碑式的人物与事件：1798年，美国人艾利·惠特尼首创生产分工专业化、产品零件标准化的生产方式，被誉为"标准化之父"；1841年，英国人惠特沃思创造了"惠氏螺纹"标准件，为美、欧广泛采用；1911年美国人泰勒发表《科学管理原理》，制定"标准作业方法"和"标准时间"，开创了科学管理的新时代；1914—1920年间，美国福特汽车公司，采用了标准化基础上的流水作业法，极大地提高了生产效率。

随着工业化大生产的蓬勃发展，各种标准化学术团体和行业协会先后诞生。1865年，法、德、俄等20多个国家在巴黎成立世界最早的国际标准化团体"国际电报联盟"，后演变为ITU、IEC；1901年，世界第一个国家标准化机构——英国工程标准委员会成立；1946年，英国、中国、美国、法国等25个国家的国家标准化机构在伦敦发起成立了国际标准化组织，英文简称ISO。ISO既是该组织英文名称的缩写，又来源于希腊语ISOS，是"相等"的意思。ISO的宗旨是："在全世界范围内促进标准化工作的发展，以便于国际物资交流和服务，并扩大在知识、科学、技术和经济方面的合作"。ISO是目前世界上最大、最有权威的国际标准化专门机构。工作语言为英语、法语和俄语。现有成员单位138个。主要工作是制定国际标准，协调世界范围的标准化工作，交流信息，与其他国际组织就标准化相关问题进行合作。

我国是ISO的创始成员国。1931年12月，当时的中央政府正式成立工业标准委员会。新中国成立之初，1949年10月即在中央人民政府政务院财政经济委员会（简称"中财委"）下设立中央技术管理局，负责工业生产和工程建设的标准化工作;1978年成立中国标准化协会,重新加入国际标准化组织ISO;1988年12月第七届全国人大常委会第五次会议通过《中华人民共和国标准化法》,从1989年4月1日起开始实施;2001年建立国家质量监督检验检疫总局、国家标准化管理委员会和国家认证认可监督管理委员会。

### 二、企业是标准化的市场主体

像空气、阳光和水一样,标准化无处不在。与人们生产生活关系的重要性使人似乎已经感觉不到它的存在。可是一旦离开标准化,人们将重新回到蒙昧的远古时代。

企业是市场经济的主体,也是标准化的市场主体。标准化是企业核心竞争力的重要组成部分,标准化管理是企业最高水平的科学管理。人们已经认识到标准化的重要性,广泛流传的三句话是:一流企业出标准,二流企业出技术,三流企业出商品。如果把品牌看作商品世界皇冠上的宝石,那么标准化就是品牌诞生的摇篮。美、欧、日是标准化的强国和地区,也是商品和服务著名品牌最多的国家和地区。标准化使商品与服务的每一份成功、每一份优秀被分解、被量化、被记录、被稳定,从而使成功和优秀可以在更大范围被复制、被扩张、被规模化发展。如果一个优秀的企业已经成为一座摩天大厦,那么,标准化就是它的基石,就是它的砖和瓦。

以餐饮业中的麦当劳为例,资料表明,麦当劳是世界最大的跨国快餐集团。1955年,从创办人雷·克罗克在美国伊利诺伊州的普兰开设第一家麦当劳门店开始至今,它在全世界已开办28000多家餐厅。2004年初,由国际著名品牌研究机构推出的2003年世界最有影响力品牌100强中,麦当劳名列第二位。在餐饮行业中麦当劳是公认的世界第一品牌。尽管时有批评之声诟病它在管理与运营中的不足,但总体而言,它是一家世界级的跨国企业集团。人们不管在纽约、伦敦、巴黎、香港或北京光顾麦当劳,都可以吃到同样新鲜美味的食品,享受到同样快捷友善的服务,感受到同样的整齐清洁和物有所值。这离不开麦当劳的企业理念和"QSCV"四个英文字母代表的经营方针,即Quality(质量)、Service(服务)、Cleanness(整洁)和Value(价值)。查考麦当劳的标准化工作,这些标准有66个方面,10300多项具体的指标。这些标准分为指标性、指示性、规范性、工艺性和标识性等。有资料表明,奶浆送货时,温度超过4℃必须退货,每块牛肉饼脂肪含量不能超过19%,服务员上岗前有严格消毒程序,原材料和食物制作标准、服务标准、卫生标准、排列标准,等等。这一万多项指标及标准,护送麦当劳走向世界。在中国,迄今为止它一直是近些年来营业额排序第一的餐饮企业,年营业收入达到数百亿元。

## 三、标准化是国家发展战略的生产力基础

最近数百年世界先后崛起的荷兰、葡萄牙、西班牙、英国、法国、德国、美国、日本、俄罗斯九个经济大国,无一不是工业、贸易

强国，也是标准化的强国。中国加入世贸组织，是治国理政和经济发展史上的里程碑。我们对两三千份法律文件进行了"废、改、立"的调整清理，使之完全与世贸组织的规则接轨。史料表明，中国入世谈判中，直接与标准和标准化相关的承诺就涉及13个方面。世界贸易组织多边贸易协定有两个专门处理标准和检验问题的协定，即《技术性贸易壁垒协定》和《实施卫生与植物卫生措施协定》。这些与贸易相关的经济、技术法规和标准分布在浩繁的法律、协定文件之中。标准化作为生产力的重要组成部分，是国家发展战略的基础和技术支撑。

现在，中国经济总量已居世界第二位。国运兴、标准兴。经济全球化进程中的中国经济发展和社会进步，我国人民对幸福生活的不断追求，更加重视经济增长质量与效益的客观需要，我们生活在对品质、品位有更高要求的时代，都在呼唤我们要凝聚社会共识、转变体制机制、深化改革开放，把我国标准化工作提升到一个新的水平。中华美食，世界瑰宝，品类之盛，异彩纷呈。她承载的美食文化的灿烂使每一个中外消费者都可以切身地感受到。但是，如此美味佳肴，难道不该在标准化的支持下成规模化地走出中国，走向世界，绽放出更加绚丽多姿的经济之花吗？

中国商业联合会是商业领域商协会标准化工作的牵头单位，参与过国际标准、国家标准与行业标准的制订。中国绿色饭店标准就是中国饭店协会牵头率先制订的饭店行业标准。各代管商协会还积极参与自身行业发展相关的标准制订。

要使中国制造与中国服务走向世界，麦当劳的标准化之路可以给我们很多的启示和借鉴。

# 和而不同，以人为本

中华美食，世界瑰宝。在我国餐饮业实现现代化的进程中，我们应当坚持中国餐饮和而不同的本质特征和以人为本的商业文化。

**一、和而不同，博大精深**

儒家学派创始人孔子在《论语·子路》篇中有句名言："君子和而不同，小人同而不和。"意指为人处事是讲原则和底线的，但也要求同存异，包容而有差别，尊重差异、追求共识，可以实现整体的和谐。

孔子不愧为伟大的儒学始祖，他在约两千五百年前提出的经典主张，穿越时空，具有强大的时代生命力。他言简意赅的论述，阐明了个性与共性、对立与统一的关系，包含了丰富的哲学内涵和价值观。和而不同，在学术上，是不同学术思想流派共存互鉴、追求真知的基本原则；在不同文化之间，是相互尊重、学习交流的思想基础；在国际上，是不同发展道路并行不悖、和平共处的坚固基石，也是我国长期以来对外交往的重要方针和一贯主张，是比霸权主义更为深邃、智慧的科学理念。

和而不同，博大精深。也是我国餐饮文化的本质特征和内在的核心价值。

中国餐饮文化历史悠久，源远流长。

史传，曾经在商代五朝为相的伊尹，是我国餐饮业的鼻祖和杰出代表。他运用各种食材、调和诸味，也使用各种药材、调和诸药，是我国历史上一位深受尊敬、广为流传的烹饪大师和中医药学家。他既发挥诸味之长、各显其功，又使诸味共融一体、协调成一个整体，"你离不开我，我离不开你"，酸、甜、苦、麻、辣、咸，各味共存，中餐之美，鲜在其中，余味无穷。

中餐是美食的艺术，非常讲究味道。借用道家的语言，叫做"道，可道，非常道。"其味有道，有规律可循。和而不同看菜系，川、粤、鲁、苏、浙、湘……汉族菜系与各少数民族菜系共同形成了中华美食，五彩斑斓，各具特色；和而不同看制作，制作方式多样，煎、炒、蒸、煮、煸、烘、炸、氽、炮、腌……，无奇不有；和而不同看技艺，加工技艺精湛，全凭厨师实践经验的积累和程序、火候的掌控，有些技艺很难用"标准化"去衡量和表达；和而不同看食材，中餐食材来源广泛，原辅材料及调味品之多，在世界上首屈一指，菜品各有千秋，组合成深沉、醇厚、鲜美、统一而各具风味的中国味道，造就了享誉全球的中国厨艺。同样的食品制作要因时、因地等时空季节变化而各有异同。以酒为代表的发酵食品及饮品，微生物技术的运用炉火纯青，创造出中国蒸馏酒特有的酱香、浓香、清香等十余种含酯的香型，统一以中国白酒的形象而享誉全球，等等。此外，中华美食对菜品的色、香、味、器、形、质等也有自己特有的民族品位和文化追求。

每一种菜系的制作方式、加工技艺、原辅材料都为中华美食具体的菜品美味发挥了添彩的作用，因它们的存在而娇美。但独树一帜的中华美食的美味，并非哪个单一的元素所能独享其功的。像蚂蚁筑巢，像蜜蜂酿蜜，各建奇功。在充分的包容中存有显著的个性，和而不同——这就是中华美食博大精深的哲学内涵，是中国餐饮人的文化追求，也是中国餐饮在世界上独树一帜的绚丽奇葩和中国特色。

## 二、用五大发展理念引领我国商业文化建设

中国共产党十八届五中全会提出，要坚持创新、协调、绿色、开放、共享五大发展理念。这些理念，凝聚着新中国几代建设者对经济社会发展规律的深入思考，为全面建成小康社会、向着两个百年奋斗目标迈进，提供了理论指导和行动指南。

提出新发展理念的出发点和落脚点都是为了人民的根本利益和长远利益。这个治国理念有明确的指向，那就是：人民对美好生活的向往，就是我们的奋斗目标。商业是为广大消费者服务的产业。体现在以服务为宗旨的商业上，就是要实现以消费者为中心、以人为本的商业文化，必须坚持用五大发展理念引领我国商业和商业文化建设。

坚持创新发展，就是把创新摆在国家发展全局的核心位置，注重的是解决发展动力问题，避免动力衰竭、低水平循环的"平庸之

路"。坚持以消费者利益为中心的商业文化,将使我们开展的品牌创新、业态创新、模式创新、互联网为代表的技术创新等,持续推动我国内贸流通业始终以快于国民经济发展的速度成长。但是,也应该清醒地看到,我国人均消费水平现在还不到美国人均水平的五分之一。我们要围绕以消费者为中心的理念在商品与服务的供给侧方面继续寻找差距,坚持用创新引领,加快内贸流通体系和商业模式的改革发展。

坚持协调发展,就是要强调"全面",注重的是解决发展不平衡不充分的问题,避免畸轻畸重、顾此失彼的"失衡之路"。寻找内贸流通领域协调发展的差距,我们应该正视在规模化经营、在"最初"与"最后"一公里、在社区、在西部、在农村都存在短板;重视买卖、轻视服务的痼疾依然存在。法制建设滞后,体制机制建设任务依然繁重。必须认真解决好商业发展的协调性和平衡性。

坚持绿色发展,就是要保证"可持续",注重的是解决人与自然和谐问题,避免资源枯竭、环境恶化的"透支之路"。生态环境、食品安全涉及最基本的公共品和最普遍的民生。低碳生活、绿色消费在流通领域潜力巨大,大有可为。节约就是低碳,减排就是绿色,循环经济就是生态环保,以消费者为中心的绿色发展每天都会在基层接受着拷问和检验。

坚持开放发展,就是深度融入世界经济,注重的是解决发展内外联动问题,避免画地为牢、自我设限的"封闭之路"。对外开放促进了我国流通业跨越式发展,连锁经营、物流配送、电子商务等现代技术与流通方式就是坚持开放发展的产物。但是,发达国家跨国零售企业的商业文化,已经从"天天低价"转变到"更好的生活"。正是坚持开放发展,使我们找到了不能只专注"血拼"价格,而要不断改善服务;不能搞假冒伪劣,而要保护知识产权。侵权、不诚信,不仅失德,而且违法,将严重伤害消费者的根本利益和企业的创新精神。我们流通产业的现代化必须继续坚持以开放促改革、促发展。

坚持共享发展,就是着力增进人民福祉,注重的是解决社会公平正义问题,避免贫富分化、社会动荡的"风险之路"。共享发展成果,是中国特色社会主义的本质要求,是社会主义发展的根本目的。我们流通领域为增进人民福祉服务的一个重要方面就是要坚决维护消费者自由选择、自主消费的尊严和权利,努力维护消费者的合法权益。

用五大发展理念引领我国商业和商业文化建设,坚持建设以消费者为中心,坚持以人为本的商业文化,将会走出一条既不同于前人,也不同于他人的中国商业和商业文化建设之路,继续为中国特色的社会主义市场经济发展作出应有的贡献。

国家统计局数据显示,2015年全国社会消费品零售总额实现30.1万亿元,比上年增长11.7%。最终消费对经济增长的贡献率达到66.4%。数据表明,我国经济在调整中已经开始进入内需为主和服务业为主拉动经济发展的新时期。

2015年全国餐饮收入首次突破了3万亿元,占我国社会消费品零售总额的十分之一,同比增长11.7%。我国餐饮业在各行业中率先逆势回暖,又站在了新的历史发展起点上。

中央八项规定实施三年来,我国餐饮业界充分发挥全面开放、完全市场化的民营经济优势，积极转变发展方式，调整供给侧结构，主动压缩高端餐饮比重，努力向大众化餐饮转型，加快连锁经营进程、延伸加工制造产业链、强化服务、积极运用互联网等高新技术，使我国餐饮业在转型发展的道路上，登上了一个新的台阶。实践表明，我国餐饮业的健康发展，前景广阔，是永远的朝阳产业。

但是我们还必须清醒地认识到，成绩固然可喜，差距仍然不小。餐饮业作为典型的民生产业，在安全问题上警讯不断，红灯频闪；规模化经营刚刚起步；标准化等基础工作与科学管理仍然薄弱；依法经营，以德治企的诚信建设在一些企业仍是短板；成规模、有系统地"走出去"开展国际化经营才刚刚崭露头角，等等。

中华美食有着巨大的吸引力和亲和力，和气、和谐、合作发展，蕴含着和而不同哲理的中国餐饮特色尚须深入发掘与弘扬，以消费者为中心的商业文化建设仍然任重道远。

当前国际经济形势异常严峻复杂，国内经济下行压力很大。"沧海横流，方显出英雄本色。"在这种形势下，我们更要坚守以消费者为中心的商业文化，守望在这种商业文化中应有的企业家精神。就更应强调改革、创新发展，更应增强居安思危的危机意识，更应强化遵循经济规律办事的科学态度，更应坚定"永不言败"的韧性和信心。"心中无文，行之不远。"依法治企，以德治企。坚持我国餐饮和而不同的中国特色与价值观，坚守以消费者为中心的商业文化，虽然路漫漫而修远，但企业发展一定会天高地阔，前程锦绣。

（本文是作者2016年2月26日在首届中国餐饮商学院大讲堂上的讲话）

# 加快发展服务业

目前，我国经济已经进入由工业经济主导型转向服务经济主导型发展的新时期。

恩格斯说："一个事物只有可以用数字的方法去描述时，对它的认识才是深刻的。"

2015年，我国第三产业即服务业实现增加值34.16万亿元，占国内生产总值的比重为50.5%，在我国国民经济三次产业增加值排序中自2013年首次居于第一位之后，又突破50%。"十二五"期间，中国服务贸易年均增速达到14.5%，为世界平均增速的两倍，2015年服务进出口额达到7130亿美元，同比增长14.6%，居世界第二位。包括商贸流通业在内的服务业的兴旺发达，是世界主要经济体产业结构优化升级的共同规律，是现代经济的重要特征，也是转变经济发展方式的显著标志。

加快服务业的发展，是人类实现经济社会现代化的共同选择和大趋势，是改善人民生活的必然要求，是保持经济平稳较快发展的战略举措，是完善我国现代产业体系的主要方向，是促进产业优化升级、增强国家经济竞争力的重要途径，是推进节能减排的有效措施，是深化改革开放的客观要求。

从发展趋势看，世界上先后崛起的九个经济大国，几乎都走过了农业经济——工业经济——服务型经济的发展之路。所有在不断成长中的国家，也都在继续走着从农业为基础，到工业进步，到服务业发展的道路。三次产业增加值如果以数量占比排序，那么，从一、二、三产业排序，到三、二、一产业排序，人类走过了数千年的历史。加快发展服务业，是世界实现经济社会现代化的共同规律和历史趋势。

从改善民生看，我国改革开放以来，虽然还仅有三十多年的历史，但是，取得的成就举世瞩目。目前，经济总量居世界第二，人均GDP已达到8000美元左右。随着经济社会发展和人均收入水平的不断提高，我国居民消费结构在逐步升级。人民群众生活正由生存型向质量型、发展型转变，由物质型向服务型、文化型转变。我国家电、手机、电脑、汽车、住房等物质商品普及运用的速度位于世界前列；电子政务、电子商务、电子金融等发展之快，日新月异；优质教育、医疗、娱乐、养老、托幼、艺术、旅游、会展等社会事业和文化产业供不应求、迅速发展。国家更加重视民生，人民不断提高对幸福生活水平的追求，呼唤公共服务进一步扩大，基本公共服务水平逐步提升。这一切充分表明，加快发展服务业，是改善人民生活的必然要求，也是提高生产效率、优化产业结构、促进节能减排、深化改革开放、增强国家经济竞争力的战略举措和重要途径。

加快服务业发展，应当有世界的眼光、战略的思维、前瞻的意识。实事求是地看，当前，我国服务业发展水平与世界相比还有不小的差距。规模还不大，只有34万亿元。占比也很低，才50.6%。资料显示，2012年，在全球国内生产总值中，各国服务业增加值之和占生产总值的70%。与我国发展水平相近的中等收入国家服务业增加值占比达到54%，高收入国家占比达到74%，分别比我国2015年还高约3个百分点和23个百分点。相对于制造业而言，也以2012年为例，我国服务业发展也相对落后。我国国内生产总值约相当于全球各国生产总值的11.3%，制造业在全球的份额上升到24.2%，而服务业增加值仅相当于全球的7.3%。从服务业增加值的绝对值来看，2012年，我国服务业增加值仅相当于美国的29%。同年，我国制造业增加值已超过美国，相当于美国的125%。中美服务业差距的绝对值已超过中美国内生产总值差距的绝对值。换言之，如果我国服务业发展能达到美国的规模，我国国内生产总值就能超过美国。我国服务业的结构和质量差距更加明显，专业化分工与社会化协作程度不高。从总体上看，服务业水平还比较低，服务业竞争力还不强，服务贸易逆差还很大。2013年，我国货物贸易总额已超过美国成为世界第一，但是，我国服务贸易逆差却增加到创纪录的1184亿美元，也居世界第一。当然，要对服务业的逆差进行分析，如果主要是以技术进口和战略资源为主形成，对我国长远发展是有好处，也是必要的。从总体上看，加快服务业更快更好地发展，无论在生产性服务业领域，还是在生活性服务业领域，我们面临的任务仍然繁重而艰巨，任重而道远。

商贸流通业是最基本的生活性服务业。它早于生产性服务业的发展，与人类最基本的生活密切相关，与人类文明的发展相伴而行，共同发展。从被称为经济学之父的亚当·斯密《国富论》的观点看，商业就是从事价值交换的产业。它的重要性，就像阳光、空气和水一样，无处不在，不能须臾离开。市场的力量在其中发挥着决定性的作用。一旦没有商业的存在，没有劳动价值的交换，人类社会不仅没有发展的动力，甚至就无法生存。即便商业在运行出了局部和暂时的问题，也会对市场稳定产生很大的影响。商业，又被称作基础性、先导性的产业。柴、米、油、盐、酱、醋、茶，是每天出现在基层的"国家大事"。

未来，我国经济可持续发展的最大潜力在城镇化，最大的产业支撑在服务业。当前和未来一个时期，是我国全面建设小康社会的关键时期。遵循经济规律，调整产业结构，我国服务业也进入了加快发展的重要时期。在新的形势下，我们要坚持以全面深化改革为动力，认真贯彻"创新、协调、绿色、开放、共享"发展理念，加快发展现代服务业，全面提升传统服务业，大力发展生产性服务业，重视发展农村服务业，着力发展开放型服务业，切实加强公共服务业，推动经济实现科学发展和社会全面进步。

（2016年8月修订）

# 加快实体零售转型发展

进入新世纪，尤其是近五年，以互联网技术为依托的网络零售迅速兴起，在中国则呈现出爆发式的增长。据全球知名市场研究机构eMarkter统计，2015年全球网络零售规模约为1.67万亿美元，较2014年增长25.1%。零售网络化已经成为全球零售市场的主要趋势之一。但是，网络零售在全球零售中的占比仍旧较低，2015年仅为7.4%。业内预计其高增长的态势仍将持续，至2019年可能达到3.58万亿美元规模，其占全球零售比例将逐步升至12.8%。网购在中国给众多消费者带来廉价快捷的方便，2015年我国网络零售额达4万亿元，在全国社会消费品零售总额中的占比，已达到13%，金额与占比均居世界第一。

网络零售给实体零售业尤其是百货业态带来巨大的冲击。实体店在用工成本、店铺租金和社会责任方面的付出本已十分困难，但在税收、法治环境等方面又面临不平等的竞争。在电商的冲击下，中外实体零售业态都遭受了重创。中国社会科学院发布的商业领域蓝皮书显示，2015年中国有83家购物中心关闭。在欧洲，德国第二大百货连锁商店卡尔城自2014年以来关闭了汉堡等城市的数十家分店。德国第一大百货连锁商店考夫霍夫也连年出现亏损。

为什么美欧日等经济体在互联网为代表的先进技术并不比中国差，而他们的网络零售占比却比中国低？我国相关媒体对此进行过分析。《环球时报》指出：美国成熟的商业体系如沃尔玛等经过几十年的发展已遍布城乡，从一开始留给电商的空间就不宽裕，使亚马逊这样的电商代表发展之初就存在"先天不足"的市场劣势，而中国的阿里巴巴很好地抓住了实体零售不能满足而需求又在爆发的关键时期飞速发展；中国物流配送车辆管理不像美国那样严，香港物流配送成本也高于内陆，电商在大陆运输配套成本低；美国有些州规定消费者网购要纳税，而我们发展电商还有扶持政策，等等。此外，国外对法制不全的领域进入比较谨慎，且重视隐私而不要求将货物送到家，日本的全职家庭主妇重视逛商场的消费文化等等，都使中国的网购发展比美欧日更快。当前已初现网购增速减缓而实体店销售增速缓中趋稳的迹象。阿里巴巴的销售增幅已从2010年的1780%下降到2016年的32%，京东也由2014年增长200%以上滑落到2016年的60%。

"无可奈何花落去，似曾相识燕归来"。实体店在冲击面前感到无奈，电商也不再高歌猛进，相互融合便成为自然的选择。在欧美已经出现实体零售与电商融合的趋势。美国传统商业正快速进入电商领域。2016年7月，联合利华斥资10亿美元收购美国电商创业公司Dollan Shave Club。8月，全球零售巨头沃尔玛宣布，以30亿美元的价格，收购美国的电商Jet.com，该公司虽然仅运营1年，但已有"亚马逊终结者"的称号，沃尔玛想通过此举与亚马逊在电商业务上展开角逐。据了解，在德国有1/3的实体店开了网店。与此同时，德国电商也纷纷开实体店。科隆经济研究所的一份市场分析指出，在德国1000个最大的电商中，目前一半已拥有实体店。该研究所专家胡德兹预测，"在今后几年里，90%的纯电商将从德国市场上消失"。

国务院2016年11月以国办发【2016】78号文发布了《关于推动实体零售创新转型的意见》。文件分总体要求、调整商业结构、创新发展方式、促进跨界融合、优化发展环境、强化政策支持六部分，共有18条。文件强调要牢固树立创新、协调、绿色、开放、共享的发展理念，着力加强供给侧结构改革，以体制机制改革构筑发展新环境，以信息技术应用激发转型新动能，推动实体零售由销售商品向引导生产和创新生活方式转变，由粗放式发展向注重质量效益转变，由分散独立的竞争主体向融合协同新生态转变，进一步降低流通成本、提高流通效率，更好地适应经济社会发展的新要求。

中国目前的中心任务，仍然是发展经济。2017年中央经济工作会议提出要着力振兴实体经济。作为实体经济的重要组成部分，我国实体零售业态又站在发展的新起点上。

（2017年1月修订）

# 加强经济理论研究

常言道,只有善于理论思维的民族,才称得上是伟大的民族。

三十多年改革开放取得了举世瞩目的伟大成就。伟大的实践足以产生并验证一种科学的理论。13亿人的民族伟大复兴既不能从西方经济学教科书中去寻找答案,也不能用教条主义的方式去生搬硬套马克思主义经典作家的只言片语。应该将马克思主义的基本原理与中国改革开放的丰富实践相结合,创造出中国化的马克思主义政治经济学。

以里根、撒切尔政府为代表极力推行的新自由主义,曾经给西方社会带来过繁荣和效率,但也带来了贫富两极分化和经济危机。当前震惊世界的民粹主义思想和"逆全球化"动向都可以从新自由主义主张中找到危机的根源。崇拜资本、迷信市场、强调效率、忽视公平,西方经济学已经解释不了当前自身出现的许多问题,扎根于中国改革开放伟大实践的中国经济学的创新发展呈现出广阔的发展空间。

中国有改革开放的丰富实践。世界上没有哪个国家像中国这样以经济建设为中心,几十年如一日,聚精会神搞建设、一心一意谋发展;世界上没有哪个国家像中国这样广泛征求意见、普遍调查研究、每年召开一次中央经济工作会议,科学分析形势,部署未来工作;世界上没有哪个国家像中国这样,相信实践的第一性,对没有经历过又事关全局的大事,通过建立经济试验区,总结经验教训后再行推广;世界上没有哪个国家像中国这样,逐渐摆脱计划经济的羁绊,在宏观调控方面,充分发挥市场在资源配置效率决定性作用的同时,又注重更好发挥政府在公平方面不可取代的作用,走出一条具有中国特色的发展道路,在不断成功中建立起自己的道路自信、制度自信、理论自信和文化自信。

中国经济学在丰富实践的基础上创新发展。建立起宏观政策要稳、产业政策要准、微观政策要活、改革政策要实、社会政策要托底的宏观经济调控理论;形成了公有制为主体多种所有制经济共同发展的社会主义基本经济制度的产权理论;创立了有别于西方按资分配,实行按劳分配为主体、多种分配方式并存的分配理论;创建了统一开放、竞争有序、安全高效、城乡一体的市场建设理论;提出"创新、协调、绿色、开放、共享"的发展理念;倡导建设包容互鉴、互利共赢、"共商、共建、共享"的丝路精神和人类命运共同体的中国主张,等等。

要加强商业经济理论的研究。这是我们的短板,要尽快补上。我国消费与经济增长的相关性有无规律可寻?像中国这样13亿人口的国家,消费从中等收入向高收入发展有哪些阶段性特征?紧密联系市场的流通领域在供给与需求方面存在哪些对立统一的关系?等等。这些问题,都需要用马克思主义经济学基本原理和中国化成果指导我们的研究,坚持科学的世界观和方法论引导研究的正确方向;要继承中华优秀传统文化的经济思想,这是推动我们新时期政治经济学研究宝贵的精神财富和历史资源;要善于学习借鉴各国经济学研究的优秀成果,但要防止容易出现的"中国问题,西方范式"的西洋式研究框架和方法。

实体经济,国之根脉,是强国之本,富民之基,这一战略思想必须坚定不移,不能丝毫动摇。我国的金融业需要加快改革,互联网技术需要强化法治。无论是金融业还是互联网技术都需要努力为我国实体经济服务。商业经济理论研究要选准影响未来发展的课题,紧密贴近实际,增强时代感。"树立为人民做学问的理想","坚持以人民为中心的研究导向"。

法国青年经济学家托马斯·皮凯蒂的著作《21世纪资本论》发表后,在经济学界产生了很大的反响。皮凯蒂运用西方历史上约三百年的经济数据,阐释了资本在财富增长中的地位和作用,揭示了市场经济存在的"马太效应"。"市场经济不相信眼泪",仅靠市场的力量、靠新自由主义经济理论解决不了两极分化与贫富悬殊的根源。无独有偶的是,在新世纪的第一个十年中,被称为信号理论之父、诺贝尔经济学奖得主迈克尔·斯彭斯,受世界银行之托率领庞大的经济学家队伍,对20世纪后半期发展最快、包括中国在内的25个国家和地区的经济报告发表后,舆论界也发出了"华盛顿共识已死"的哀叹。

在西方世界饱尝新自由主义苦果的同时,全球化和一体化发展进程在世界受阻。世界上不带偏见的有识之士把希望寄托在中国和亚洲。我国领导人提出的建设"以人为本"和"人类命运共同体"的主张,尊重各国"和而不同"的发展道路,探索包容普惠的新型全球化理念,让世界看到了新的曙光和希望。

(2017年1月修订)

## 谈我国商品批发交易市场

在计划经济时期,我国的商品供应依赖于生产,商业依附于产业。在供不应求、物资短缺的状态下,商品供应实行一、二、三级批发及零售,简称"一、二、三、零"的流通体系。这种计划管理、行政分配的体制在"卖方市场"的条件下,虽然基本适应当时的生产力水平,但是,只能考虑公平却很难顾及效率的流通体制具有很大的历史局限性。消费者不可能成为自主消费、平等交换而且有尊严的消费群体。

改革开放以来,我国商品流通领域实现了历史性跨越,取得了举世瞩目的成就。交易规模持续扩大,基础设施显著改善,新型业态不断涌现,现代流通方式加快发展,流通产业作为经济运行的血脉和神经,已经成为国民经济基础性和先导性产业。

目前,我国商品交易市场批发业态主要呈现出六种形式:一是工业企业自销批发;二是国外品牌在国内的各种代理商;三是大型零售企业统一采购与分销配送;四是商品批发交易市场;五是电子商务B2B的批发;六是专门从事商品批发的流通企业,即批发商。

近年来，我国商品批发交易市场面临许多新的挑战：总的看来，发展水平参差不齐，相当多的市场仍处于数量扩张、粗放型发展阶段，网络布局不合理，城乡发展不均衡，规模化、信息化、标准化、国际化程度不高，流通效率低，经营成本高的问题突出。在商品交易市场建设方面，缺乏科学规划，有的市场占地面积求多求大，盲目发展势头强劲，出现招商不足，"门庭冷落车马稀"的有场无市现象，单位面积产出效率、效益低，投资边际效益下降的现象已经出现；在商品批发交易市场性质定位方面，综合类偏多，专业类不足，"同质化"趋势严重，处于"一般化"甚至"边沿化"状况，发展前景堪忧；在农产品批发交易市场建设方面，对其生产周期长、风险大、运距远、全民每天消费的公益性认识不足，有的地方政府"菜篮子"建设的责任心不强，主动关心不够，简单地把它全部推给市场，出现不该发生的市场波动；流通企业创新意识不强，创新能力弱，在电子商务迅速发展的大潮面前，束手无策，无所作为，转型发展步履维艰，等等。

我国经济发展出现的新形势，使商品批发交易市场建设面临新挑战。如何实现转型升级、创新发展，需要我们把国家全面深化改革的总设计和发展蓝图，与自己的实际情况结合起来，既搞好自己必要的"顶层设计"，也要继续"摸着石头过河"，走出一条适合自己发展的道路。

下面，介绍几种正在成为趋势的发展机遇和商业模式，供大家在转型升级中借鉴与参考。

**一是农产品交易市场的公益性受到高度重视。**借鉴美、日、欧发达国家管理农产品市场的经验,大型农产品批发市场具有社会公益性。《商务部等13部门关于进一步加强农产品市场体系建设的指导意见》已经发布,财政部办公厅、商务部办公厅《关于开展全国农产品流通骨干网络建设工作的通知》也已下发。政府以多种方式积极参加公益性农产品重点骨干批发市场和公益性流通基础设施建设,既表明市场经济体制更加成熟,也给现有农产品批发交易市场带来更加准确的市场定位,是各种所有制企业参与改建、扩建、新建时转型升级的重要机会。

**二是电子商务带来革命性变革。**电子商务以多种形态突飞猛进地发展,使商贸服务业发生了翻天覆地的变化。单纯做传统商品买卖的企业正在改变传统经营模式,加快功能转变,体验式消费快速发展,联营返点式的经营方式几乎走到了尽头;买断经营方式重现生机。阿里巴巴等电商企业在互联网、大数据、云计算等先进技术支持下的电子商务引导消费形成消费链,使网络与供应链相互支持,流通与生产紧密结合,企业与消费者利益共享;临沂市在万人视频会上推行电子商务;B2B的电子商务批发市场开始兴起,等等。实体经济在加快电商化运营,网商交易平台也在与物流等实体经济迅速融合。今后很难分出没有使用电子商务的实体经济,或者不与实体经济结合的电子商务。

**三是内外贸同时开拓,进出口双向发展。**义乌市在改革开放之初就确立了"商贸兴市"的发展战略,坚持"鸡毛换糖"艰苦创业精神,硬是在一个不临边、不靠海的内陆地区创建了一个世界级的小商品市场。多年高歌猛进、快速发展的义乌也出现了发展中的困难和问题。面对改革的困惑、转型的阵痛、发展的难题、认识的误区，从2013年9月起，义乌组织开展了声势浩大、触动灵魂的"'鸡毛换糖'再出发"解放思想大讨论活动。在统一思想、形成创新业、办实业的合力基础上，坚决打破对传统路径的依赖，深入推进贸易便利化改革和管理服务机制改革。2013年实现出口182亿美元，增长102%。新建"海选网"使法国、意大利等国家优质品牌5万多种进入中国，80%是首次进入。政府"重监管、弱审批"，现在注册一家内资公司最长2天，外资公司最长3天。

**四是"无缝对接"推动体制机制创新。**"多渠道、少环节"一直是商业人的目标和理想，如今，在市场经济条件下，已经出现"无缝对接"的"零环节"。农超对接、农厂对接、产销直供多种"无缝对接"的形式出现，市场建设者和经营者带着数百位制造商走天下，在四川巴中市等地创建出"无缝对接"的批发新形式，形成了效率更高、成本更低、竞争力更强的批发市场新体制。

**五是以物流为代表的多功能服务进一步完善。**山东临沂市金兰物流公司集运输、仓储、配送、信息等功能于一身，为临沂批发市场服务，是山东省最大的物流中心，有206条直达物流专线覆盖全国2000多个县级以上的网点，年物流总量800万吨，货值360亿元，还依托临沂港大力发展国际物流，去年底习近平总书记曾亲临视察；义乌国内快递日均70万票，跨境快递日均30万票，外贸网商密度仅次于深圳，居全国第二；浙江泰顺县"九山半水半分田"，36万人，在本县创造约60亿元的GDP，却在全国办了近千个市场近万亿元营业额，温州银行跟踪服务到全国,泰顺县县委书记也成了跟踪服务泰商在全国市场的县委书记。此外,商务、金融、海关、税务、工商、质检、职业教育和"海、陆、空"交通多式联营服务功能都在进一步完善。

**六是商品品牌快速成长,质量效益观念更新。**我国商品品牌在世界百强品牌中还是空白,但品牌意识正在觉醒,中国品牌大步走向世界的时代正在到来。品牌是商品中的精品,是质量效益的抓手。万达集团携手约5000家国内外品牌企业,每年召开对接年会;义乌市场强调效率效益,开始"以亩产论英雄",工业项目投资强度要求不低于400万元/亩,达产税收不低于30万元/亩;义乌市积极培育品牌,全市注册商标总量超过5.3万件,跃居全国各县(市)榜首。

中共十八届四中全会公报指出,要加快建设法制国家,法制政府,法制社会。依法推进商业领域的各种创新和改革,从长远看,时代呼唤《中国商法》早日诞生。商品交易市场改革突破、创新驱动、转型发展,是一个思想再解放的长过程,是一条艰苦创业的新征程,是一场必须做好长期准备的持久战。发挥市场经济配置资源的决定性作用,其重要表现形式就是通过竞争、实现优胜劣汰,适者生存。达尔文在《物种的起源》中揭示的生物生存斗争的状况很像市场上的竞争。表现为:并不是那些最强大的物种得以生存,也不是那些最智慧的物种得以留存,只有那些最能适应变化的物种才能繁衍不断。

改革突破,创新驱动,转型发展,这就是结论。

(成文于2015年10月,2016年8月修订)

# 中国零售业的创新之路

1962年,美国阿肯色州本特维尔镇的萨姆·沃尔顿开设了第一家小超市。从此,连锁配送、股份制改造、卫星通讯、互联网应用、扁平化管理、全球化运营等每一个发展时间和空间的节点都没有错过。结果,该企业20世纪90年代蜚声美国,21世纪享誉世界。在先后超越了全球所有的金融巨子、石油大亨和汽车机械制造之王以后,2015年营业收入达到4821亿美元,连续多年排世界500强第一。这个全球零售业跨国集团,就是沃尔玛。沃尔玛的成功,是全球零售业崛起的重要标志。

20世纪70年代末,中国经济与社会走上了前无古人的改革开放之路。真理标准讨论带来的思想解放大潮,使包括中国零售业在内的内贸流通业开始崛起并走上了观念创新、体制创新、商业模式创新、科技运用创新的发展之路。

## 一、观念更新

刚从计划经济与凭票供应中走出来的中国商业人,面对即将到来的改革开放，既酝酿着跃跃欲试的激情，又充满了心中无数的担心。

整个20世纪80年代，改革主要在农村反复攻坚。商业开放的动能仍然在积蓄中。从大城市到县城，批发仍然是沿袭一、二、三级批发到零售的轨迹前行。商业改革试点虽然已经开始，而百货业与粮店、肉店、菜店、杂货店等仍然是商业零售的主力业态，农贸市场中的农产品交易已如雨后春笋般地成长起来。但是，就商业领域的总体而言，和国外相比，我们的实际水平仍然像是"戴着草帽、穿着草鞋的人"。

商业领域何时开放？零售与批发哪个为先？哪些地方先开放？哪些地方后开放？外资占比多少？是否在开放之初就要把世界最强的零售商引进来，等等这些问号，成为商业工作者和共和国决策者们思虑的大事。

持谨慎态度的人们认为：我国商业改革起点低、起步晚、竞争力弱。德国著名经济学家李斯特曾提出落后国家应保护生产力的理论依据，世贸组织也认可对幼稚产业的保护，商业开放应当谨慎而行。

持积极态度的人们认为：对我们落后的商业进行保护实际上是保护落后，中国人勤劳智慧，"穿草鞋的不怕穿皮鞋的"，破旧才能立新，处于全球化竞争中的我国传统商业，面临着一场"防不了，守不住，输不起"的战斗。需要以积极进取的精神，实现高标准、跨越式发展。对此，我们要有自信心。

都有道理。

决策者们作出了最终的决策：把全世界最强大的零售商大胆引进

来，让中国商人与"巨人"同行。商业对外开放，战略上决心要大；战术上步子要稳。

不久，沃尔玛、家乐福、麦德龙等一大批超一流的500强零售跨国集团陆续进入中国。零售的地域、经营的商品、外资的比例等都在按计划、有步骤地逐步放开。实践证明，"天没有塌下来"，中国零售企业在迅速成长。

人们在回忆那段历史时，曾用到了"突围""跨越"甚至"解放""革命"的词语。是的，那场革命首先得益于除旧布新的思想解放和有胆有识的观念更新。

**二、体制创新**

商业是高度市场化的领域，人才、商品、服务、价格、资本与区位等方面的竞争十分激烈，"优胜劣汰、适者生存"的规律无时无刻不在发挥作用。曾经举国一致的公有制经济很不适应社会主义市场经济中的商业新形势。集体及国有经济在商业领域必须进行彻底的改革，让多种所有制在商业领域平等竞争，自由发展。

凤凰涅槃，浴火重生。商业领域的国有、集体所有制企业以多种方式完成了体制改革与创新，私营企业迅速成长，外资企业由超国民待遇转入平等竞争的正常发展。我国商业企业已全面完成体制创新，进入制度改革后健康发展阶段。2014年开展的第三次全国经济普查数据表明，在全国批发和零售企业中，内资企业占98.8%，外商及港澳台商投资企业占1.2%；内资企业中，国企占1%，私营企业占70.1%。我国内贸流通业，已经形成以内资企业与私营经济为主、多种经济成分共同发展的新局面，也是全面对外开放、市场化程度最高、活力最大的经济领域。

### 三、商业模式创新

我国商贸流通业是以开放促改革、促发展的典范。商业模式创新日新月异。

连锁经营是新的流通组织形式与服务方式。这种新的商业模式，有人说源于中国的老字号"瑞蚨祥"绸布店。但是，连锁经营模式是在沃尔玛、家乐福等世界级零售跨国集团进入中国后才真正被大面积推广并广泛运用的。连锁经营模式的特点是具备先进的管理和核心竞争力。在标准化的支持下被大规模地复制和扩张。使单店的有限性与连锁的无限性相结合，让先进的生产力和管理方式实现相应的规模经济效益。这种经营模式已被推广到批发市场甚至医院、学校等数十个领域，发挥着更大的社会效益。

我国连锁经营模式实现的销售额占社会消费品零售总额的比例已有较大幅度的增长。

现代物流快速发展。随着铁路、公路、航空等交通网络基础设施建设的逐步完善，在现代通讯及互联网等现代科技的支持下，我国现代物流业迅速成长。海、陆、空多式联运，生产性与生活性物流大量增加，物流业跨行业发展、第三方物流与物流信息平台的建设，使物流成本逐步降低，流通效率有新的提高。2015年，全社会物流总额实现222万亿元，物流总费用10.8万亿元，占国内生产总值的16%。

超市、专卖店、专业店、大卖场、购物中心、城市商业综合体等各种业态、业种异彩纷呈，社区店、便利店、无人值守购物方式迅速成长，各种商业流通方式正向农村、西部和边远地区延伸。

农超对接、农场对接、农校对接、产销直供等基地建设进一步加强。产、供、销供应链、网络化逐步形成。"无缝对接"新体制使产品质量与安全可追溯，流通成本大大降低，"多渠道，少环节"的商业理想在开放与竞争中成为现实。

**四、科技创新**

以信息化与数字化技术为代表的第四次工业革命，推动了商贸流通业在科技运用方面的一场大变革。电脑、互联网、移动通讯、云计算、大数据、物联网等现代科技运用，支持着智慧商业多姿多彩地发展。网购等电子商务"井喷式"增长，实体经济与信息化的深度融合，线上线下全渠道商业经营模式，既给消费者带来了便利与实惠，也给中国商业带来了一场革命。

"大风起兮云飞扬"，中国零售业在学习追赶中，实现了跨越式的发展。主要表现在：

企业数量大，就业人员多。2013年我国有批发零售企业281万个，内贸流通领域就业人数1.4亿，约占第三产业就业总人数2.96亿的48.2%。

社会消费品零售总额大。2015年已达30.1万亿元，比上年增长10.7%，总量居世界第二。预计2018年有望超过美国，居世界第一。

增加值占比高。"十二五"期间，我国批发零售住宿餐饮业增加值年均增长12.1%，2015年达到7.8万亿元，占国内生产总值67.7万亿元的11.52%。

消费增速快于经济增速，是拉动经济发展的主引擎。1979-2013年，社会消费品零售总额年均增长15.4%，批发与零售业年均增长10.5%，都快于同期国内生产总值年均增长9.8%的速度。2015年人均消费水平是1978年的15倍左右。改革开放37年来，消费成为主要拉动力的年份达21年，是拉动经济发展的主引擎。

我国内贸流通业已成长为我国经济的基础性、先导性产业。

**五、民族企业在成长**

第三次全国经济普查数据表明，在改革开放的大潮中，内资企业仍占98.8%，与"巨人"同行的我国民族商业企业在发展壮大，迅速成长。

经营生产资料的天津物产、浙江物产在金融行业的支持下，已进入世界500强，位次逐年上升。从事电子商务的京东集团也已入围世界500强。

上海百联、苏宁、国美、大商集团先后超过千亿元的零售总额，已具备进入世界500强的"冲金"能力。

华贸集团，经营酒店、餐饮、品牌商品等综合性商业，曾经在名牌销售中独占鳌头，多年荣获单体店销售收入国内第一的荣誉；近年不断调整业务门类，始终有大约五分之一的面积处于"供给侧"的探索与调整之中。

德州百货，重视和谐零供关系与企业文化建设，数十年来坚持依法治企与以德兴商，从未出现合作伙伴的投诉，将和谐与文化植入企业兴旺发展的基因之中。

安德利百货，地处安徽巢湖市，坚持自营商业二十年，在结构调整、转型发展时期，努力创建自营品牌，不当"二房东"；在改革开放的挑战面前，吸收新技术、新业态，2016年8月已获准上市。

北京宴，在大众化餐饮形成主流的时候，努力推进文化与餐饮业相结合，视职工为家人、顾客为亲人，把高端餐饮服务业搞得有声有色；坚持高端不等于奢侈，正常消费不等于浪费的理念，制定标准，夯实基础，精心打造服务业高端品牌，励志要让"中国服务"像"中国制造"那样走出国门，走向世界。

嘉和一品，董事长刘京京从大学时期就开始涉足商业，先后在花店、期货、餐饮业跨界绽放。"一碗粥的小幸福"，大众化餐饮带来的"小确幸"让她干得风生水起，乐此不疲。在"大众创新、万众创业"的时代，她又在互联网和移动终端的支持下，探索以连锁方式向社会发展。

……

与发达经济体相比,中国零售业的差距,随处可见,比比皆是。

探索前行,创新求变,中国零售永远走在创新路上。

"从来就没有什么救世主,全靠我们自己!"

(2017年1月修订)

## 食以安为先

食品安全是世界普遍关心的问题,也是一个世界级的难题,在发展中国家问题更加突出,是长治久难安的领域,必须高度重视。

食品安全涉及从农田到餐桌,从生产到消费的全产业链条,涉及每个人的切身利益。食品安全治理应当全员参加,全过程管控。这是一个系统工程,需要加强领导,综合治理,打一场持久的人民战争。

食品安全的重要性和关键环节可以用四句话来表述:

民以食为天,食以安为先。安以质为本,质以诚为根。

食品安全作为一个系统工程,应当在以下几个方面进行综合治理:

首先要健全法制。落实法律规制,建立并逐步完善国家食品安全法等系列法律,出台国务院相关法规,建立部门规章,完善企业、行业和国家关于食品安全的技术标准体系。

其次要建立制度保障。农超对接、产销直供、工商"无缝"对接,既降低流通成本、保证产品质量,又使安全可追溯。

第三是科技支撑。普及互联网、移动通讯、计算机、大数据、物联网先进技术，使食品产业链公开透明运行，提高冷链运输比例，使鲜活农产品质量得到保障。

第四是社会监督。法律、行政、媒体、群众形成的完整、严密的社会监督网，是食品安全不可缺少的环节和"利器"。

第五是全民教育。贯穿于家庭、学校、社会的法制、诚信教育，形成"以人为本"的氛围，使国民素质和文明水平不断提高，是食品安全的人文保障和文化基因。

第六是经济基础。生产力水平和物质保障能力是食品安全的经济基础。我国仍然是发展中国家，人们的购买力和食品安全意识、社会供应安全食品的能力和标准，都会受制于经济基础。深入推进农业供给侧结构性改革，不断增强绿色优质安全农产品的供应，继续坚持以经济建设为中心，应当是我们长期奋斗的目标。

（2017年1月修订）

# 谈诚信

诚信，是社会主义核心价值观的重要内容，是公民基本道德规范，是社会主义市场经济的基础。加强诚信建设，对于推进国家治理体系和治理能力现代化，提升国家软实力和整体竞争力，具有十分重要的意义。

诚信，是中华民族的传统美德，也是商贸服务业永恒的主题。诚信，是立业之本，传承之基；诚信，是产业发展的动力，是企业、产品和服务最好的名片。企无诚信不立，商无诚信不兴，人无诚信不齿。以德治企和依法治企，相辅相成，缺一不可。以德治企和依法治企的能力和水平，已经成为现代化企业治理的基本内涵和重要标志。古今中外，概莫能外。

目前，诚信建设与人民群众期望还有差距，与经济社会发展水平不相适应，全社会征信系统尚未形成，社会诚信意识和信用水平整体偏低，商业欺诈、合同违法、制假售假、偷排污染物、偷逃骗税、学术不端等不良现象时有发生，电子商务领域的诈骗严重，诚信缺失仍然是经济社会发展中一个突出问题，人民群众对加强诚信建设的要求强烈，满怀期待。

诚信的基础是文化。文化是国家、民族、企业、个人的灵魂和精神柱石。我们既要坚守"义重于利""诚贵金石""义薄云天""一诺千金"等优秀的传统历史文化并发扬光大，也要倡导有序的竞争合作、法制、创新的时代风尚和现代市场经济文化。加强文化建设，深刻认识市场经济既是契约经济、信用经济，又是法制经济、道德经济，夯实诚信建设的基础。"心中无文，行之不远"。

诚信的保障是法律。新时期的诚信兴商，不再只限于社会道德的倡导和群众的口碑，不再只是口口相传的美誉度和留在心中的美好印象。"诚实守信"将是合同法、税法、价格法、银行法、劳动法、环保法、公司法等等一系列法律法规的守法状况的表现，它将是可以被记录、被传播、被计量、被运用的正能量或者负资产。尤其是在互联网等数字、信息技术时代，守信与失信将在网络世界冰火两重天：守信会赢得万千点赞，失信会遭遇万劫不复甚至灭顶之灾。有法必依、执法必严、违法必究，用法律的刚性约束增强人们守信的自觉性。市场的力量可以使守法者走遍天下，失信者寸步难行。诚信将成为企业无形的资产和难以度量的财富。

诚信的关键是制度化。建设奖惩分明的长效机制，完善诚信监督体系，诚信建设必须制度化，坚持持之以恒、久久为功。要形成褒扬诚信的政策导向，开展突出问题专项整治，建立诚信的红黑名单制度，完善行政、行业、社会多层面、全过程、广覆盖的监督体系。

努力营造诚信建设的宣传舆论环境和氛围。讲诚信之风如不能得到大力弘扬,并主导社会、倡行于世,不讲诚信的恶行就会腐蚀人们的心灵。诚信教育应当进学校、进工厂、进社区,进入全社会的各个领域。要加强诚信教育,宣传先进典型,鞭挞失信行为,弘扬诚信文化,广泛传播诚信价值观,滋养全社会的诚信价值理念。

中共十八届五中全会提出了坚持创新、协调、绿色、开放、共享发展的五大发展理念,这是引领我们新时期发展重大的理论指导和工作指针。商业诚信建设工作要结合自己的实际认真贯彻落实。切实加强商业诚信建设,努力夯实"诚实守信"的基石。企业和社会组织都要认真贯彻国务院发布的《社会信用体系建设规划纲要》(2014—2020年)。齐心协力,持之以恒。相信"诚信兴商"工作一定会越做越好,全国商业诚信建设水平将会达到一个新的更高的水平。

诚信建设是以德治国的重要内容,是必须长期坚持、覆盖全民的系统工程。以培育和践行社会主义核心价值观为根本,以加强社会信用体系建设为基础,以褒扬诚信、惩戒失信为重点,以完善法律法规为保障,大力推进诚信建设制度化,建立完善长效工作机制,着力营造讲诚信、守信用的舆论环境、经济环境、社会环境,将为实现中华民族伟大复兴的中国梦提供有力的道德支撑。

(2017年1月修订)

# 论 品 牌

经济工作者会有一个共同的体会，那就是："资本可以使企业做大，但只有文化才会使企业做强"。

当前，我国经济总量已居世界第二，货物贸易已居世界第一。2016年《财富》世界500强名单中，包括港澳台在内的中国两岸四地中有110家企业入围，这表明，我国已有一批世界级的企业品牌。在数量上仅次于美国，居世界第二。但是，在近年福布斯全球品牌百强排行榜上，中国品牌仍然是空白。品牌，是"商品皇冠上的宝石"。当前，出精品、出名牌，就是供给侧转方式调结构的重要内容，是讲质量、重效益的实际体现，是转型升级的载体和抓手。品牌意识的觉悟和觉醒，是任何经济体和企业由弱变强的重要标志和必由之路。

**品牌是什么？**

质量是生命，诚信是灵魂，创新是动力，管理是科学，这些不该孤立看待的要素共同铸就了品牌。品牌是这些要素长期坚守的综合成果。品牌是记忆，品牌是印象，品牌是口碑，品牌是大浪淘沙的历史长河中奔跑在第一方阵的马拉松运动员，他们穿越时空，奔跑在前方……

**品牌是怎样"炼"成的？**

管理是科学，科学的管理首先要调动人的积极性。创建品牌的关键是人，是人的素养和文化水平。品牌，包含品牌企业、品牌商品和品牌服务，它不仅技术含量高，而且文化内涵深；品牌，是商品与服务的有机融合，是企业技术与管理综合素质的结晶；是诚实守信的长期积累，是"精卫填海""杜鹃啼血"的艰苦历程。从品牌到著名品牌，到世界级著名品牌的发展轨迹，应该是市场经济逐渐成熟，经济体由大变强的发展之路和重要标志。重视品牌工作与否，已经不再是市场竞争中的"自选动作"，而是企业发展壮大的必然选择。

品牌创建是时间的"函数"，不可能一蹴而就。"集腋成裘，聚沙成塔"。实现优秀的质量、诚信的坚守、先进的管理、科学的工艺需要时间，人们对"物美价廉"商品和服务的认识是反复比对的过程。老字号企业能冠以"老"字，都经历过几十年、乃至数百年时间的洗礼。那种"急功近利""揠苗助长"培育品牌的做法，是培育不出真正的品牌的。

质量是品牌的生命，质量的基础是生产力水平。性价比优秀的企业就是市场上的"天之骄子"。美国、德国、日本等国家的实践表明，发达的生产力是优秀质量的技术经济基石。重视质量的国家是品牌最多的国家。重视质量的企业，一般也是创建品牌最多的企业。这是品牌创建的共同特点和普遍规律。

标准化，是品牌诞生最根本的基础。标准是企业的技术法规，是法治在企业的具体表现。品牌的形成，从生产到流通，是无数个技术标准、服务标准、管理标准持之以恒地贯彻落实的结果。企业，也是标准化的市场主体。只有对标准的重视和遵守，才能使每一份优秀、每一次成功，被记录、被积累、被复制、被规模化地扩张。这充分说明，品牌工作必须从标准化等基础工作抓起。重视标准化技术法规，就是依法治企在企业的具体表现。以世界最大的跨国快餐业巨头麦当劳为例，自创办人雷·克罗克在美国伊利诺伊州的普兰开设第一家麦当劳以来，在大约1.03万个企业标准的支持下，在世界上已开办了大约28000多家门店。甚至连它特有的咖啡和爆米花香味都成了它的品牌标志。由此可见，没有标准化，就不可能有现代化。

消费者是品牌的最终评判者。实践，是检验真理的唯一标准。任何品牌的创建，从本质上看，它不是被评出来的，它是广大消费者把钞票当"选票"，在市场上"选"出来的。消费者不满意的企业、商品和服务，他会"用脚去投票"，一走了之。在这里消费者才是品牌真正的上帝。有鉴于此，推动开展品牌促进工作，或许使用市场占有率的统计方法，会更加客观和公平。

企业是市场经济的主体，也是品牌创建的主体。企业，在品牌创建中可以大有作为。商业企业牵手制造商，贴近市场，了解消费的需求，是改进产品、完善品牌的知情人和信息库，也是品牌创建的"摇篮"。商业老字号就是历经岁月洗礼和历史沧桑的老品牌。

品牌的创建是一个系统工程，它涉及产业链的各个方面。商业与工农业联手，产品与服务并重，政府、社会、消费者共同努力，媒体积极传播推动，将会使中国品牌实现更快的发展。

同时，中国的各类企业务必要坚持改革开放，加强品牌建设的国际交流与合作。

从产品的生产制造到品牌的生产经营，是历史的跨越。是以人为本的文化理念牢固树立的结果。在商务工作中，就是以消费者为中心。这是企业"软实力"的体现。

"软实力"的概念最早是由美国哈佛大学教授约瑟夫·奈提出来的。"软实力"应该是文化的影响力、凝聚力和吸引力。对于文化在经济发展、品牌建设中重要性的认识，是随着人们自身文化素养的提高而逐步深化的。从"中国产品"到"中国品牌"的进步，从"中国制造"向"中国创造"方向发展，是历史的又一次跨越。从这个意义上讲，要实现可持续发展的目标，你站在什么起点和位置上并不重要，重要的是你在向着什么方向前进！

在品牌创建的供给侧，当然要继承优秀的传统。但是，总沉醉在历史的辉煌中，不砥砺前行，不坚持创新，就没有未来！

（2017年1月修订）

# 话说中华酒业文化

## 一、悠久灿烂的历史文化

文化是民族的血脉和精神家园。

中华酒文化是中华民族文化的组成部分,源远流长,历史悠久,博大精深。我国考古发掘的陶器中发现过酒器,佐证了我们的先民在新石器时代后期已会人工酿酒。《吕氏春秋》等著作认为,仪狄、杜康是酿酒的始祖。在相当长的时期内,古人只会用乳汁、水果与谷物生产酿造酒。蒸馏酒何时出现,存有争议。2015年发掘出土的海昏侯西汉大墓发现有疑似蒸馏器具的历史遗存。

古往今来,从山野到庙堂,我国有宴聚的习俗。无论佳宾来访、亲朋相聚、婚丧嫁娶,"无酒不成席"。酒技、酒品、酒器、酒礼、酒令、酒风俗形成了各具特色的多民族丰富的酒文化。

酒与文学艺术有不解之缘。"古来圣贤皆寂寞,惟有饮者留其名。"自先秦《诗经》《楚辞》起,文人赋诗,"酒意"甚浓。酒文化历史上经常表现为诗酒文化。有人做过统计,李白现存的诗歌有一千零五十首，与酒有关的就有一百七十首，约占百分之十六。杜甫存诗一千四百首，与酒有关竟然占百分之二十一。建安文学旗手曹操"何以解忧，惟有杜康"；李白诗仙亦酒仙，"长安市上酒家眠"；杜甫少年即被称为"酒豪"，一生仕途坎坷、生活困苦，依然"得钱即相觅，沽酒不复疑"；白居易诗《问刘十九》："绿蚁新醅酒，红泥小火炉。晚来天欲雪，能饮一杯无。"苏东坡"半醒半醉问诸黎，竹刺藤梢处处迷"，感叹"人生如梦，一樽还酹江月"；辛弃疾"醉里挑灯看剑，梦回吹角连营"，醉里不忘"沙场秋点兵"；李清照"常忆溪亭日暮，沉醉不知归路"，"昨夜风疏雨骤，浓睡不消残酒"；陆游"名姓已甘黄纸外，光阴全付绿樽中"；《红楼梦》作者曹雪芹被朋友写为"满径蓬蒿老不华，举家食粥酒常赊"……。文人嗜酒，在推杯换盏之间倾诉着人生的际遇与情怀，于言谈唱和之中，灵魂激荡，创造出魅力无穷的诗文，成就了我国酒文化历史上绚丽多彩的篇章。

醇酒激活了历史上书法家的灵感，创造出不计其数的艺术精品。东晋王羲之兰亭雅集，酒酣耳热之际，挥毫写下"天下第一行书"；唐代画圣吴道子"每欲挥毫，必须酣饮"；"颠张醉素"，张旭怀素，酒后创作，以狂草扬名后世；明代书画家唐伯虎、徐渭皆以饮者著称；以"六分半书"、画竹闻名的郑板桥自述："郑生三十无一营，学书学剑皆不成。市楼饮酒拉年少，终日击鼓吹竽笙。"爱酒之情，溢于言表，可见一斑。

在我国浩如烟海的历史长河中，酒与音乐相伴，酒与中医结缘。

酒能助兴，酒也能误事。古今中外，都不主张酗酒。对未成年人饮酒、对驾车等特殊岗位和职业更是严格限制，造成严重后果的，甚至入刑。酒类产品，少饮有益，过饮有害。是应该用酒政进行科学管理的特殊商品。

## 二、独树一帜的香型文化

世界上主要有六大蒸馏酒，它们是中国白酒、白兰地、威士忌、伏特加、金酒和郎姆酒。中国白酒独有的浓郁的酯香味，使它"未饮三分醉，开瓶满室香"。特殊的酿造工艺，带有地域特色的微生物群落，造就了含有酯类的天然香味。这种带有浓郁酯香的中国白酒醇香，是其他世界各类蒸馏酒无法相比的。

以泸州特曲、五粮液、剑南春、古井贡、洋河、双沟等为代表的浓香型，主导香型是己酸乙酯，浓香型白酒产量大约占我国白酒产量80%以上；以汾酒、二锅头为代表的清香型，主导香型是乙酸乙酯；以茅台、郎酒为代表的酱香型综合各类酯香。隽永绵柔，入口绵，落口甜，回味悠长，以口感确定香型，"扣杯隔日仍含香"。此外，还有以桂林三花酒为代表的米香型；以四特酒为代表的特香型；以西凤酒为代表的凤香型；以景芝神酿为代表的芝麻香型；以酒鬼、白云边为代表的兼香型；以董酒为代表的药香型；以九江双蒸酒为代表的豉香型等香型，一共有十大类。新近提出的老白干型、馥郁香型尚待确认之中。酱香型、浓香型、清香型白酒占我国蒸馏酒产量的绝大部分，也是宴请国内外嘉宾和亲朋相聚最常见的选择。其他香型的中国白酒也都拥有自己忠实的消费人群。带有酯香的中国白酒群体是世界蒸馏酒的奇葩。如李白诗歌所说："兰陵美酒郁金香，玉碗盛来琥珀光，但使主人能醉客，不知何处是他乡。"

**三、历久弥新的诚信文化**

诚信文化是熔铸在品牌中的灵魂，也是企业发展的生命。延续至今的中国酒类老字号企业都经历了千百年的岁月磨砺，企业自办的历史博物馆里写满了诚信的故事。诚信，已经成为企业历久弥新的文化。

市场经济环境中的诚信兴商，不再只限于社会道德的倡导和群众的口碑，不再只是口口相传的美誉度和留在人们心中的美好印象。诚实守信，已经成为每个酒企自豪的历史。未来的诚信将被赋予新的内涵，将是对合同法、税法、价格法、银行法、劳动法、环保法、公司法等等一系列法律法规守法状况的表现，它将是可以被记录、被传播、被计量、被运用的正能量，或者是负资产。在数字、信息技术普遍运用的时代，守信与失信将在网络世界面临冰火两重天的命运：市场的力量可以使守信者走遍天下，失信者寸步难行。诚信将成为企业无形的资产和难以度量的财富。企业要与时俱进，诚信文化也将历久弥新。

**四、与时俱进的创新文化**

2016年,我国酿酒行业规模以上企业实现销售收入9780亿元,与上年同期相比增长6.3%。实现利润总额1094亿元,增长7.22%。我国酒产业要继续迈上新台阶,必须大力弘扬创新文化。

创新,是企业可持续发展永恒的动力。我们不可沉醉和迷失在久远的历史长河里,用过多的资源和精力拼比历史的长短,而要从中提炼出优秀的创新文化,认真继承;我们也要讲述自己科学而真实的故事,不应片面夸大酒品的疗效和养生的功能。企业做强做大当然要有群众喜爱的商品,但也要强调科学,遵循经济规律,经受广大消费者在市场上的检验。须知,只有实事求是才是最强大的。

创新文化也是开放的文化、学习的文化。

我们要认真落实创新、协调、绿色、开放、共享的发展新理念。加强国际交流合作,以开放的心态,学习外国酒业同行在现代市场经济条件下的创新成果,借鉴他们的现代化经营理念、竞争意识、管理技术、品牌文化,作为中餐文化的重要组成部分,要联合起来结合自己的实际,讲好中国酒的故事,走出一条具有中国特色的酒业发展的道路。我们要弘扬创新文化,做到不仅能酿造好酒,也要学会经营美酒。我们既欢迎"洋酒"走进来,也要鼓励中国酒走出去。在从中国制造向中国创造、中国生产向中国服务、中国产品向中国品牌转型升级的进程中,挑战严峻,差距尚存,要准备付出更加艰辛的努力。我们既要继承自己光荣的文化传统，又要善于吸引各国文明的优秀成果，这样的文明才称得上是伟大的文明。

可以说，中国酒业文化始终是以人为本、以消费者为中心的文化。我们应该有这样的文化自觉。

（2017年6月9日）

# 走向命运共同体
## ——"一带一路"的深远意义

2013年9月和10月,习近平主席在出访中亚和东南亚国家期间,先后提出共建"丝绸之路经济带"和"21世纪海上丝绸之路"的重大倡议,得到国际社会高度关注。加快"一带一路"建设,有利于促进沿线各国经济繁荣与区域经济合作,加强不同文明交流互鉴,促进世界和平发展,是一项造福世界各国人民的伟大事业。

共建"一带一路"是中国的倡议,也是中国与沿线国家的共同愿望。它是在经济全球化进程受阻、国际金融危机带来深层次影响、世界经济发展分化、各国面临的发展问题依然严峻的复杂深刻的时代背景下产生的。倡议顺应世界多极化、经济全球化、文化多样化、社会信息化的潮流,秉持开放的区域合作精神,致力于维护全球自由贸易体系和开放型世界经济。

共建"一带一路"旨在促进经济要素有序自由流动、资源高效配置和市场深度融合。合作的重点以政策沟通、设施互联、贸易畅通、资金融通、民心相通为主要内容。交通能源基础设施、贸易、投资、产业、金融、科技、旅游、卫生、教育等经济人文交流范围广阔,政党、议会、民间组织等政府、社会领域合作潜力巨大。沿线各国合作发展潜力与空间得到尽可能广泛深度地发挥，有利于开展更大范围、更高水平、更深层次的区域合作，共同打造开放、包容、均衡、普惠的区域经济架构。

"一带一路"恪守联合国宪章的宗旨和原则，遵守和平共处五项原则，坚持开放合作，坚持和谐包容，坚持市场运作，坚持互利共赢。中国政府的倡议，坚持共商、共建、共享的原则，致力于全方位推进务实合作，打造政治互信、经济融合、文化包容的利益共同体、责任共同体和命运共同体。

"一带一路"地域上贯穿亚欧非大陆，一头是活跃的东亚经济圈，一头是发达的欧洲经济体，中间广大腹地国家经济发展潜力巨大。"一带一路"将强化与之相关的现有多边合作机制的作用，如上合、中国东盟、亚太经合、亚欧会议、亚合、亚信、中海合、大湄公河次区域、中亚区域经济合作等现有多边合作机制，使更多国家和地区能够参与"一带一路"建设，具有广泛的代表性和极大的包容性。

推进"一带一路"建设，将有利于充分发挥国内各地区比较优势，加强东中西互动合作，关键在于结合自己的实际实行更加积极主动的开放战略，加快建设各具特色的自由贸易区，提出自己务实而灵活的实施方案，全面提升开放型经济水平。发挥海外侨胞以及香港、澳门特别行政区独特优势作用，积极参与和助力"一带一路"建设。为台湾地区参与"一带一路"建设作出妥善安排。

"一带一路"建设是开放的、包容的，欢迎世界各国和国际、地区组织积极参与，共创美好未来。

共建"一带一路"倡议正式提出三年多来，得到100多个国家和国际组织的支持，中国同56个国家和区域合作组织发表了对接"一带一路"倡议的共同文件，同11个沿线国签署自贸区协定，与56个沿线国家签署双边投资协定。截至2016年6月，中国国企在26个"一带一路"沿线国家承建大型交通基础设施项目38项，中国对"一带一路"沿线国家的投资累计达511亿美元，在18个沿线国家建立了52个经贸合作区，累计完成投资156亿美元。中国倡议的亚洲基础设施投资银行自2016年1月启动以来已吸引57国签署，累计发放17.3亿美元贷款支持7个国家的9个基建项目。2017年5月在北京举办"一带一路"国际合作高峰论坛，与各国共商如何通过"一带一路"建设，实现各国优势互补，促进区域经济实现新增长，为世界经济发展提供新动力。

"一带一路"倡议是中国首倡的，利益为沿线国共享。它是区域的，也是世界的。

全球化历经两次大的高潮。第一次是以武装入侵、殖民掠夺为主要特征。殖民主义在20世纪中叶已告消亡，但那次全球化实现了西方国家整体崛起。第二次全球化始于第二次世界大战末期，我认为，可以分为政治全球化和经济全球化。政治全球化是指西方发达国家以不惜用军事侵略和干预的强力方式，推行所谓民主、自由等西方价值观为主要表现形式，结果形成了大量的贫困和移民，使世界出现诸多动荡不安的热点，把世界搞得很乱。同时，西方也主导建立了联合国和布雷顿森林会议后形成的系列国际组织，如世界银行、世界货币基金组织和世界贸易组织的前身即关贸总协定。联合国宪章和系列国际组织规则顺应了世界人民向往和平、追求发展的愿望，发挥过积极作用。美国等西方国家从经济全球化，尤其是在其前期进程中获得了最大的利益，包括中国在内的新兴经济体后来的崛起也得益于经济全球化。经济全球化是生产力要素在全球优化重组的必然选择，是世界科学技术进步的客观要求。必定会在促进世界经济发展和社会进步中继续表现出强大的生命力，经济全球化是推进世界经济发展和社会进步无法阻挡的必然趋势。

由于"一带一路"沿线各国跨越亚欧非广袤的地域，历史文化不同，民族宗教信仰各异，经济基础差别较大，各国发展重心有别，落实倡议的理想与目标，应当求同存异，以实现尽可能大的同心圆。同时，需要有锲而不舍的韧性和长期的准备。此外，统一思想，形成新的生产力，开拓新市场，也面临很多风险和挑战，不可能一蹴而就，必须准备付出长期艰苦的努力。

近年来，全球化进程屡受挫折。曾经主导制订经济全球化规则的美国等国在本国约半数民众的支持下，带头从经济全球化和区域经济自由化中退缩，民粹主义抬头，贸易保护主义上升，受到中国等仍然坚持经济全球化的大多数国家的坚决反对与抵制。此外，经济全球化进程中，有些国家政府在经济结构调整、相关体制改革和创新发展中，较少作为甚至不作为，加之自由市场经济深层次的制度原因，致使中等收入群体萎缩，普通民众收入下降，出现了经济全球化的失败者。而占人数1%的富人财富大增，出现了富者恒富，穷者更穷的"马太效应"。问题发生后，当权者又将矛头对外，从国外寻找原因，并据此采取相应的政策和措施，使世界形势更加错综复杂，面临前所未有的不确定性。

西方主导下制定的经济全球化规则需要调整完善，世贸组织作为推行经济全球化的国际组织也应作相应改革，西方极力推行的所谓民主、自由普世价值观及华盛顿共识体现的新自由主义已经不能适应世界出现的新形势，无法解决层出不穷的新问题，世界呼唤经济全球化的升级版尽早出现。

此时，中国提出的"人类命运共同体"的主张，"和而不同"的包容性发展道路，"以人为本"的人文理念，"和平合作，开放包容，互学互鉴、互利共赢"的丝路精神，表现出深刻的哲学内涵和强大的生命力。这些两千多年前就孕育着的光辉思想，曾经造就了世界上唯一没有中断的中华文明，相信一定会成为杭州会议提出的"普惠、包容"的新型经济全球化的核心内涵。

"一带一路"的思想体系给传统的经济全球化和纷繁复杂的世界，注入了一股清流，人们对体现了这些思想内涵的"一带一路"的成功实践，看到了希望，满怀着期待。

（2017年12月修订）

# 02

## 历史篇

习近平主席在2015年8月致第二十二届国际历史科学大会的贺信中指出:"人事有代谢,往来成古今。历史研究是一切社会科学的基础,承担着'究天人之际,通古今之变'的使命。世界的今天是从世界的昨天发展而来的。今天世界遇到的很多事情可以在历史上找到影子,历史上发生的很多事情可以作为今天的镜鉴。重视历史、研究历史、借鉴历史,可以给人类带来很多了解昨天、把握今天、开创明天的智慧。所以说,历史是人类最好的老师。"

这是贯通古今中外的历史文化价值观。

中国商业,从历史走来,正向未来奔去!

# 诸子百家论经济

史传，我国炎帝时就有市场。商部落之初就有了商人。

周平王迁都洛阳以后，历史进入了东周，即春秋战国时期。春秋五霸，战国七雄。诸子百家服务各诸侯王，论政议军话经济，在经济领域也呈现出百花齐放、百家争鸣的局面，是我国经济史、商业史上一段思想最活跃的历史时期。

道家的处世哲学是：淡泊名利，修身养性，清静无为，顺其自然。道家思想以老子《道德经》一书为代表作。该书托春秋末老聃之名，写于战国时期。"无为"是老子思想的最高原则，要求个人"清心寡欲"。道家另一代表人物是宋国人庄子，主张一切虚无，否定农业、手工业、商业，"鸡犬之声相闻，老死不相往来"，留恋原始时代的自然经济。道家排斥人类物质文明进步和产业发展，是后世经济放任主义思想的来源之一。但是《老子》主张"无为而无不为""曲则全""少则得"，"不争而善胜"是"天之道"。道家还主张人与自然"天人合一"。这些哲理性的语言都体现了朴实的辩证法，闪耀着先人智慧的光芒。

墨家学派代表人物墨翟，鲁（或宋）国人。出身小手工业者，曾任宋国大夫。墨子学派门生都来自社会下层。积极探索和思考自然科学。墨家学说重视商人的作用，主张"为万民兴利"，宣传"尚贤尚同、节用节葬、非乐非命、尊天事鬼、兼爱非攻"等十大主张。与道家否定商业的思想相反，墨子的出身决定了他对商业交换有比较正确的认识。墨家反对"亏人自利"的商业欺诈，提倡"交相利"即互利；认识到商品的使用价值和交换价值，已具有原始的价值概念；作为小生产者的代表，认识到货币也是一种商品，应当足值保量，才能实现与其他物质商品的等价交换。墨家对商品价值、价格与货币的关系有了一定的认识，与诸子各家相比，是墨家独树一帜的进步。

农家重视农业，主张统一价格，反对商业欺诈。许行，楚国人，是战国时期农家学派的主要代表人物。他主张"并耕论"，包括一国国君在内都应人人劳动，自食其力，是代表农民利益的思想家。"并耕论"反映了小农的极端平均主义思想，承认农业与手工业之间的分工，但否认脑力和体力劳动之间的分工，带有理想主义色彩。主张农、工产品直接交换，漠视专门从事价值交换的商业分工的社会作用。在商品交换中，重视以容积、长短、重量等以数量单位的定价，忽视以质量定价。主张"市价不贰，国中无伪"。反映了农民平等交换纯朴的愿望和反对商业欺诈的思想。

《吕氏春秋》主张重农不抑商，力主自由放任发展商业。其代表人物吕不韦在秦为相，招贤纳士，宦养门客3000人，著书立说，集论文166篇，约二十余万言，名号《吕氏春秋》。汉朝班固评价该书

"兼儒墨，合各法"，兼收先秦各家学说，也突出了自己的主张，属于"杂家"。吕不韦本身是大商人，当政于商鞅变法之后一百多年，是代表商人利益的朝廷新贵。《吕氏春秋》一书充分肯定农业的重要性，指出"古先圣王之所以导其民者，先务于农"。

《吕氏春秋》一书在重农之后，指出农、工、商的社会分工必不可少。该书对战国后期形成的"农本工商末"概念作出新的解释，将"本"的内涵泛化，往往与农无关。"末"字也与工商无直接联系。"重农抑商"的观念已被打破。

《吕氏春秋》一书主张"君无为则万民安利"，打出人君应无为而治的"黄老思想"。吕不韦本人是富商大贾的代表，是重商论者，也是高消费的鼓吹者，本身生活奢侈无度，却大讲以俭节葬。《吕氏春秋》一书主张经济自由放任，反对商鞅的抑商思想和经济干预主义。有限制皇权，为自己长期专权，独揽朝政制造舆论的目的。但《吕氏春秋》一书保存了许多后代失传的观点，为后世研究历史留下了很有价值的史料。

诸子百家中，对后世产生深远影响的是儒家和法家。

儒、法两家对后世产生深远影响的思想和政策，主要集中在两点：一是崇本抑末的产业政策；二是实行经济放任还是经济干预的政策。

儒家的代表人物是孔子、子贡、孟子、荀子等。孔子是其杰出代表。现在，以他的名字命名的"孔子学院"已成为中华文化的代表，遍布世界。经济上，孔子重视商业，收卫国有名的大商人子贡做学生,子贡被认为是孔子周游列国、传道讲学的赞助商和支持者。孔子主张"仁爱""仁者爱人"。要有正确的义利观,"不义而富贵,于我如浮云"。既主张"和为贵",也主张"君子和而不同"。孔子要求经营商业必须合于法度和礼制,反对"礼崩乐坏"。他强调商人要讲伦理道德,应当"见利思义""以德为贵""富而教之"。孔子主张给商业经营提供方便,减关市之税,免山泽之征,支持商业自然发展。孟子重视商业的自由发展,主张减轻商税,方便商人,他既有对孔子思想的传承,又有对农、工、商分工与交换在认识上的新发展,和农家许行相比,更强调商品的质量。荀子充分肯定商业在社会经济中的积极作用和应有的地位,主张发展正常的商品流通,提出"富民""裕民""利民"的口号,强调商业是必要的社会分工,但要限制商贾人数。

法家的主张总体而言是重农抑商,以法治国。著名的法家代表人物是管仲、李悝、商鞅、韩非。管仲将另文专述。李悝,魏国人,魏文侯当政时为相,此前曾协助魏文侯征服中山国后被任命为中山国国相,是战国早期著名法家代表。他协助魏王将部分国家占有的土地分地于农,征收十一之税,建立起封建地主和个体农民土地私有制。他用"平籴""平粜"之法,实行国家干预经济的方针,稳定市场和物价,反对过贫过富以及分配过大的差距。由于执政成效显著,在战国七雄并立之时,使魏国成为首强。商鞅变法,重农抑商禁末,使七雄中"国弱主卑"的秦国由弱变强,为百年之后秦王嬴政一统天下奠定了坚实的经济基础。韩非是荀子高徒,接受商鞅思想,但更加偏激。

他把"重农抑商禁末"变成"重本抑末"。是战国末期杰出的政治思想家。

荀子是儒家中的改革派。重农抑商是法家和儒家荀子学派共有的观点，他们共同的目标都是要通过制止农民弃农经商，实现重农。抑商抑的是商人，不是完全否定商业的作用，不是轻视、鄙视商业。商人可抑，商业不可废。过多的人口追逐商业之利，既不利于农业，也不利于商业健康发展。但是，在如何抑商？抑官商还是抑私商？抑大商还是抑小商？等等具体问题上，主张经济放任政策的儒家和主张经济干预政策的法家，在我国封建社会历史上，两种思想，两种政策，充满激烈的斗争。

历史已经远去。如果有一天，当"东方经济学"也像"西方经济学"那样出现在世界上时，共性的是经济规律，相差的一定是具体的历史、地域和文化之别。文化应该是多彩、平等、包容的。我深信，东方经济学在未来屹立于世界之时，必定会富含着我国两千多年前春秋战国时代的"经济基因"。那些货币、税收、价值、价格、中央与地方、官与民，以及一、二、三产的概念，那些充满哲理的辩证法，那些"以德治国、以法治国"的闪光的理念，将会成为有朝一日必定会诞生的"东方经济学"的珍贵源泉，成为中华民族伟大复兴的历史文化宝藏。

（2016年7月10日修订）

# 华商之祖——王亥

史传，在我国神农氏，即炎帝时期，就有原始商业。"神农氏作，……日中为市，致天下之民，聚天下之货，交易而退，各得其所。"（《周易·系辞下》）在黄帝时期，又有发展。炎黄二帝是华夏文化的始祖。

研究中国商业史的人一般会到河南省商丘市去，那里的人会自豪地告诉你：商丘，是华商之祖，"三商"之源。

商丘历史悠久，文化灿烂，人杰地灵。相传在大约一万年前的上古时期，是火祖燧人氏的诞生之处，燧皇陵就坐落在商丘，是中华民族的发祥地之一。

商丘也是我国原始商业的发源地。史载，商部落居住在黄河下游，始祖名叫契，又名阏伯，帝喾之子。传说契因辅佐大禹治水有功，被夏代开创者大禹封于商，即今天河南省商丘一带。契的孙子相土在商部落为王之时，畜牧业比较发达，相土驯养马作为运载工具。至契的六世孙王亥，又学会用绳索贯穿牛鼻子，使牛也很驯服。驯马服牛，制造坚车，在当时来说是最先进的技术，从此，商部落拥有了大量牛马，富甲一方，成为当时华夏先进生产力最高水平的代表。到商王契十四世孙汤的时候，商部落的农耕和手工业也发展起来了。使用白色海贝为货币，有别于夏代的黑贝去进行等价交换。夏代末代天子夏桀，荒淫残暴、腐败无能，民不聊生，被商汤打败。公元前1562年，汤接位天子，开启了历时496年的商代王朝。商王朝种桑养蚕、发展农业，手工业也有较快的发展进步，创造了我国历史上青铜器制造的全盛时期。作为奴隶制社会，商代也是我国历史上最早有甲骨文和金文文字记载的时代。

在商代尚未建立的王亥时期，服牛驯马、坚车负重，用牛马等牲畜发展易货贸易，创造了商部落的空前繁荣，王亥因此深受人们敬重。当成群的牛马和连绵的坚车去往市邑进行买卖时，浩荡前行，尘土飞扬，人们远远望见之后便说，那是"商人"来了。商人、商品和原始商业的形成，源于黄河中下游的商丘一带。王亥，作为杰出的代表，今人称为"华商之祖"。商丘，被称作"三商之源"。

创新，从原始商业时期就是经济发展、社会进步的动力。创新，也是艰苦探索的过程。"牵牛鼻子"的技术，在三千六百多年以前，无疑是历史性的突破。在今天，已成为只要抓住关键，就可以"牵一发而动全身"地解决问题的思维方式和行为方式的代称。任何事物与现象，从哲学上看，都是矛盾对立的统一体。但在事物运动的过程中，总会有主要矛盾和矛盾的主要方面。抓住主要矛盾的主要方面就牵住了"牛鼻子"，矛盾就可能迎刃而解。在牵牛鼻子之前，一定也牵过牛脖子、牛耳朵、牛尾巴什么的，不过都不解决问题而已，"犟牛"还是"犟牛",难以驯服。这时候还处在鲁迅先生说的"吃蜘蛛"的时期。但在有一天,偶然牵上牛鼻子后,发现牛很老实,这才实现了"从量变到质变",尝到了苦尽甜来的"美味螃蟹"。

牛、马、坚车、舟船,都是生产与生活的工具,使用时各用其长。"骏马可历险,力田不如牛。坚车能负重,过河不如舟。"从相土驯马拉车到王亥服牛,又历经三代。现实生活中,牛马均可拉车,也都可以在田间出力。但马拉车更快,牛犁田更耐久。"工欲善其事,必先利其器"。生活中的道理与用人之理相通。"知人者智,自知者明"。人各有志,人各有长。如果能够做到用人所长,真是"善莫大焉"。

"商祖"王亥为扩大贸易,到处奔走,据说,最后在黄河北岸为狄人有易氏所杀。但商部落及后来的商王朝经商已经形成传统,"中国商人"从此诞生了。之后数千年的历史,轻商或亲商的思想和政策在治国理政中曾经交替出现,谱写出中国商业史上波澜起伏的历史画卷。

商祖王亥的身影已经远去,但商丘人每年都会在重阳节祭奠他。"三商"之源,源于创新。后世的中国商人也会永远怀念这位最早"牵牛鼻子"的"华商始祖"。

谁曾料想,夏代末期还处于奴隶社会时,"牵牛鼻子"这个"原始创新"竟成为后世的一个哲学经典。

(2016年7月10日修订)

## 烹饪始祖——伊尹

为弘扬源远流长的中华美食文化,凝聚共识,两年来,中国烹饪协会组织部分专家学者,开展了探询中华烹饪始祖的历史文化之旅。

寻根问祖,追脉溯源,是为探寻中华美食文化的历史基因,继承优秀文化传统,建立起应有的民族与文化自信,鼓起新时代的风帆,走向世界,走向未来。

穿越在前人浩如烟海般研究成果的"丛林"里,感受到博大精深的中华美食文化丰富的内涵和强大的生命力,浸润在华夏儿女数千年生生不息的历史中。无论铁马冰河、惊涛骇浪,还是国泰民安,太平盛世,"中国胃"滋养的"中国心"总在披荆斩棘,奋力前行……

黄帝、彭祖、伊尹、易牙、詹王……,烹饪始祖的群体形象,在历史的回望中逐个地向我们走来。在探询烹饪始祖的过程里,专家们的目光,不约而同地聚焦在三千六百年前的伊尹身上。

他就是烹饪始祖——伊尹。

关于商业改革与发展的思考

一

伊尹是我国历史上的名相和帝师。

史书记载，伊尹生于夏朝末年伊水之畔的空桑村，由厨师抚养，取名挚，又名阿衡。因父亲的言传身教和自己聪颖勤奋，使他精通烹饪。长大成人后，作为有莘氏女儿陪嫁的佣人，服务于商汤王。《史记·殷本纪第三》说伊尹"负鼎俎，以滋味说汤，致于王道。"是说他背着锅拿着砧板去见成汤王，凭借烹调之术重视调和与讲究滋味的特点，借机进言，劝说成汤王实行王道。与伊尹生活年代相距一千多年的司马迁，在该文中还记录了关于伊尹见成汤王的另一种说法："伊尹处士，汤使人聘迎之，五反然后肯往从汤，言素王及九主之事。汤举任以国政。"是讲伊尹本是个有才德而不肯做官的隐士，成汤曾派人去聘迎他，前后去了五趟，他才答应前来归从。伊尹向成汤讲述了远古帝王及九个成功君主的所作所为。成汤王举用了他，委任他管理国政。阿衡以伊水河为姓，尹是官名，据说相当于国相，伊尹从此得名。

伊尹是《史记》记载的我国历史上第一位以贤德著称的名相。他曾辅佐过商朝开国之帝成汤灭夏，继而辅佐外丙、中壬、太甲、沃丁共五位帝王。史书说明伊尹不仅是名相，而且还是帝师。

《吕氏春秋·尊师》讲道："汤师小臣"，是讲商汤王以伊尹为师，创建了商王朝。

司马迁在《史记》中尤其对伊尹辅佐太甲帝的始末做了浓墨重彩的描述。殷商第四代的帝王太甲称王之初，国相伊尹曾写出《伊训》等著作三篇教育太甲帝施行德政。但是太甲暴虐、乱德，伊尹便将太甲流放到现在河南偃师县的"桐宫"闭门思过，自己代行国政，管理诸侯。后来，"帝太甲居桐宫三年，悔过自责，反善，于是伊尹乃迎帝太甲而授之以政。帝太甲修德，诸侯咸归殷，百姓以宁。伊尹嘉之，乃作《太甲训》三篇，褒帝太甲，称太宗。"是讲太甲帝改过自新之后，伊尹又迎回并还政于商王，从此诸侯又服从于商王领导，百姓也过上安宁的日子，伊尹作文三篇表扬幼主，并尊他为太宗。

司马迁在《史记·殷本纪第三》的历史著述中，在惜墨如金的竹简作书的年代，却十六次提到伊尹，言简意赅地勾勒出我国三千六百多年前，伊尹的贤明和帝师形象。历史上遵伊尹为"元圣"。

## 二

伊尹，还被尊称为"烹饪始祖"。

殷商是我国历史上以善于经商而著称的朝代，也是创建甲骨文、建立城邦、铸造青铜器，华夏进入文明发展的关键时期。在夏朝腐败而亡之后，如何治国理政、长治久安，始终是君臣共同探索事关兴亡的重大主题。

《史记》讲道，伊尹"以滋味说汤，致于王道。"比《史记》早约二百年的《吕氏春秋》对此有更详尽的描述：

商汤得贤才伊尹以后，以礼相待，奉为上宾。伊尹以厨技作比喻，劝导商王眼光高远，志向宏大，广纳贤才，修身以德，以仁义治天下。

伊尹"说汤以至味"，是从如何得到美味开始的。首先，要成为天子，使管理的疆土辽阔，物产丰富，才能得到广博繁盛的食材资源。其次谈到不仅食材要广，而且取料贵精，无论肉、鱼、菜、果、粮，还是水都要上乘精品，各取其美，美美与共。其次，讲到厨师的最高技艺在于调和味道，善于掌握用水与火候，无论鱼和肉都有腥、臊、膻等异味，即使酸甜苦辣咸的各种调料，用料很小，也要讲究先后多少，各尽其功，扬长避短。再次，讲到至味即美味，是有标准的，要掌握好度。要做到甜不过分，酸而有度，咸不损味，辣不浓烈，淡而不薄，肥而不腻。最后，又将厨师烹调美味引申至圣人治理天下：首先要重视自我的德才修养，同时也要遵循治国理政的"道"即规律去管理国家；既要处理好当前要务，又要有长远的志向和目标；无论政务大小，事必躬亲，但应全局在胸，抓好主要矛盾。做到这些，厨师就会做出美味，天子就会造就出太平盛世。

青年毛泽东在他的读书笔记《讲堂录》中曾写道："伊尹道德、学问、经济、事功俱全，可法。"给伊尹很高的评价。

伊尹"说汤以至味"成为千古美谈，也和他的其他事功一起，造就了三千多年前我国的第一贤相和厨圣。中华美食之所以成为世界瑰宝，还在于它具有丰富的哲理和深邃的历史文化底蕴。

中国烹饪技艺选择了大自然中最广泛的食材，也选用了世界上最多的调味品种。这些食材与调味品皆各有所长，又各有偏颇。通过厨师技艺对火候、水、调料及程序等的掌控和把握，烹制出五彩斑斓、绚丽多彩的人间美味。调和，是中国厨艺大师群体对世界美食独树一帜的贡献。也是中国文化独具一格的重要组成部分。

如今伊尹遗迹广布于河洛、豫东和鲁西南一带，后人在他曾经或可能活动的地方建庙立祠，修墓竖碑，祭奠著文，用各种方式纪念和缅怀伊尹。历史经史子集多有文章传承他的主张和思想。

伊尹开启了美食文化的先河，他是我国历史上各有建树的厨艺大师队伍群体中的杰出代表。英雄与人民在共同创造着历史。他的思想在后世不断被衍进和发扬。

老子《道德经》提出："治大国如烹小鲜。"

孔子《论语》说道："君子和而不同，小人同而不和。"

孔子、孟子皆主张以仁修德治天下。

先圣们把烹饪技术引伸到修身、齐家、治国、平天下的大世界里，把协调、调和、和谐、和平、和睦组成的"和"文化运用到与人、与邻、与国交往的地球村中，和而不同甚至成为我们现在对外交往的重要主张和指导方针。

在中华美食走向世界的旅途中，在共建人类命运共同体的道路上，难忘伊尹。

（2016年7月10日修订）

# 东方经济学鼻祖——管仲

齐国，是西周初期姜太公吕尚的封地。春秋时期，在各诸侯国工商业的发展中，齐国处于领先地位。公元前685年，齐桓公继位，任用商人出身的管仲为相，辅政四十年，使齐国得到进一步发展。齐国国富兵强，在春秋五霸中，齐国第一个称雄全国，成为齐、秦、楚、晋、宋五霸之首。

管仲，名夷吾，今安徽颍上县人，姬姓之后。少年时，家道中落，生活困顿，曾替人养马。后与鲍叔牙合伙经商，成为至交，史称管鲍之交。后经鲍叔牙推荐，齐桓公任管仲为相，达四十年之久。管仲辅政后，充分发挥自己来自基层，在商品、货币、贸易等经济领域具有丰富实践经验的优势，建言献策。鲍叔牙鼎力推荐，齐桓公从谏如流，加之齐国历史上就有重商的传统和环境，使齐国率先成为五霸盟主。管仲治国理政的经济思想，使他成为造福当代、影响后世的卓越的宏观经济学大师。这比20世纪诞生的被称作现代宏观经济学奠基人的凯恩斯，早了两千五百年左右。

管仲的历史影响与成就，表现在他一系列经济主张和思想中。后世门生将其思想汇集成书，书名《管子》。

管仲重视生产力的发展，认为生产力是包括伦理道德在内的上层建筑的基础。在《管子·牧民》篇中，开宗明义地指出："仓廪实则知礼节，衣食足则知荣辱"。这是他倡导的朴素的唯物主义观点，体现出历史的进步性。

管仲倡导亲民政策，主张顺民心，从民欲。他在为齐桓公筹划治国方略时，建言道："政之所兴，在顺民心；政之所废，在逆民心。"（《管子·牧民》）

管仲懂得"取予有道"的朴素的辩证法。他主张以予为取，先予后取，取之有序，取之有度。在农业上，他采取"相地衰征"政策，地力弱少征，增产后分成，照顾农业生产者的实际利益。在商业上，他实行盐铁专卖政策，抓住人人离不开的生产与生活资料，生产放手交给民间分散进行，流通由国家垄断经营，实行"官山海"政策。管仲"官山海"和西周后期周厉王从生产到流通全面垄断"山泽之利"的做法截然不同，他既注意照顾广大生产者的利益，而非国家独占其利，又能确保国家财税收入，因而取得了很大的成功。

管仲重视遵循经济规律，开展宏观调控，稳定市场，平抑物价。《史记·平准书》说："齐桓公用管仲之谋，通轻重之权"。这里的"轻重"是指商品的贵贱、物价的高低。他对粮食丰储灾销、淡储旺销、低储高销，既防止丰年"谷贱伤农"，又注重灾年市场稳定。遵循市场经济规律，善于用"看得见的手"去调控市场，在获取的高低价差中，为国家增收，也稳定了物价和市场。这是管仲的一大发明。

管仲主张铸币权归国家，由官府控制和管理好货币。管仲曾说道："人君铸钱立币,民庶之通施也。"（《管子·国蓄》）货币，作为现代经济学上讲的商品价值的"一般等价物"，铸造与发行的权力应属国家。管仲还重视金属货币铸造的质量和数量。"币重则民死利，币轻则决而不用，故轻重调于数而止"。

管仲在采取国家干预国内商业政策的同时，还大力发展对外贸易。他使自己有比较优势的"鱼盐"出境免征关税，"以为诸侯利"。他鼓励境外官商来齐国做生意，在驿站修"客舍"，提供"人吃马喂"的食宿便利和优惠，使"天下之商贾归齐若流水"。他还倡导开展范围更广的第三国贸易，主张降低"准入门槛"相互减免关税，互通有无。这些原始贸易主张，与现代世界贸易组织的原则不谋而合。我国历史上公开鼓励对外贸易的人中，管仲是早期最突出的代表。

管仲是"士、农、工、商"的首倡者。他第一个提出按专业进行社会分工，"四民者,勿使杂处"。"士之子恒为士,工之子恒为工,商之子恒为商,农之子恒为农"（见《国语·齐语》），世代传承，实行社会分工与专业化管理。我国历史上"士、工、农、商"的"四民"主张，是管仲首先提出来的。

管仲历史上又被尊称为管子。他认为，经济与政治是不可分的。他曾经以商贸为武器。先后使鲁、梁、莱、莒、滕等国臣服于齐，维护了齐国的国家利益。

亚当·斯密被尊称为"经济学之父"。他在所著的《国富论》中明确指出:"分工的原因是交换"。凯恩斯被誉为宏观经济学的奠基人,他主张国家应实行积极的财政政策的理论,在20世纪20年代末第一次世界经济危机中发挥过积极的作用。亚当·斯密、凯恩斯以及世界上其他经济学大师,都是经济学历史上耀眼的明星和里程碑式的人物。

管子的政治、经济思想当然具有历史的局限性。但是,当我们把这些两千五百年前就产生的思想和成功的实践呈现给世人时,定会为之惊叹:管仲,应该是东方乃至世界启蒙经济学的鼻祖和奠基人。

(2016年7月8日修订)

## 兴国名臣，经商骄子——范蠡

美国管理学著名大师彼得·德鲁克说过："企业只有一个真正的资源，那就是人。"范蠡，就是一个难得的人才。更多的人知道的是他提出的"十年生聚，十年教训"的主张，帮助越国灭掉吴国，报仇雪耻，是兴国的谋士重臣。但是，较少有人知道范蠡也是一位非常成功的大商人。

范蠡，生卒年不详，楚国宛人，即今天河南南阳人，出身贫寒。楚宛令文种发现他才能出众，引荐他到越国同朝为官，一起辅佐卧薪尝胆的越王勾践灭吴兴越，建立起越国在春秋末期的霸业，后官拜上将军。功成名就之后，勾践以高官厚禄、列土封疆、共享天下相许，挽留急流勇退、坚决辞官不做的范蠡。范蠡丝毫不为所动，匆忙收拾一些金银细软，带上家眷，下海经商去了。

据传，辞官下海之前，他还与举荐他的大夫文种有一段对话，范蠡说："飞鸟尽，良弓藏；狡兔死，走狗烹。"这段人生感悟之语，对后世影响深远。

悄然离去的范蠡，从今天浙江乍浦港下海，一路风帆，向北驶去。最后改名换姓,叫"鸱夷子皮",定居在古属齐国、现为山东沿海一带。《史记·越王勾践世家》说范蠡"耕于海畔,苦身戮力,父子治产。居无几何,致产数十万"。时隔不久,经过辛勤劳动,几乎是白手起家的范蠡父子积累起数十万的家产。

范蠡发财致富后,声名远播。齐国知道他是个贤明的人才,要拜他为相国,并把大印送到他家里。范蠡认为,"久受尊名,不祥"。"乃归相印,尽散其财,以分与知友乡党,而怀其重宝"。他认为久负尊名并不是好事,就婉言相辞,归还相印,把财产分给左右乡邻、亲朋好友,只带部分重要家产,第二次弃官而去。

范蠡来到今天山东省定陶县西北一个叫陶的地方,改称"朱公",人称陶朱公。这里是当时经济发达居"天下之中,诸侯四通,货物所交易"的商业中心。范蠡带领家人薄利多销,"废居,候时转物,逐什一之利"。他们选贤任能,"善治生者,能择人而任时。十九年之中,三致千金,再分散与贫交疏昆弟",人们称赞他:"富好行其德者也"。此外,范蠡还注重把经商之道传与子孙,使家财"赀累巨万",真正实现了可持续发展。

范蠡经商成为巨富,自己认为是遵循《计然之策》的基本原则取得成功的。《计然之策》虽已失传,但是,他体现出来的经济学基本原理即使在今天现代社会都闪烁着智慧的光辉。

范蠡是有名的政治家军事家,也是中国历史上第一位将兵法用于商业经营的人。

略早于范蠡的孙武,齐国人,是一位兵法大师,著有《孙子兵法》留传后世。曾与楚国亡臣伍子胥一起，大败楚军。范蠡也善于"兵甲之事"，曾经在讨伐吴国时，击鼓进兵而讨平姑苏。《孙子兵法》与《计然之策》几乎同时期产生，都同样适用于战争或商业那些充满竞争性的领域。《孙子兵法》与《计然之策》关于天时、地利、人和的论述；关于兵贵神速、抓住机遇的思想；关于有备无患、"用兵无备者伤""知斗则修备"的主张；关于出奇制胜、"故善出奇者，无穷如天地，不竭如江河""富者必用奇胜"的观点；关于用人之道、任人择时的看法；关于物极必反、"一贵一贱，极而复反"的辩证思想，等等，都是相通的，代表着两千五百多年前，先贤们闪光的辩证法和朴素的唯物主义思想。范蠡，是用《计然之策》与兵法经商的典范。

范蠡，是兴国的名臣，经商的骄子，人才难得。施政理财，知进知退，适可而止的人生事业哲理，令人感佩。范蠡被历史誉为"商圣"。

孔子门生儒商子贡与商圣范蠡，被历代商人视为激励自己奋斗的偶像，他们挂在门楣或中堂的对联是：

经商不让陶朱富，货殖当属子贡贤。

"陶朱"，是指曾经在定陶经商致巨富的"朱公"，即商圣范蠡。

（2016年7月8日修订）

# 儒商子贡

中国历史上伟大的思想家、教育家孔子，有一位富而好礼、内外兼修的好学生——儒商子贡。

子贡，复姓端木，名赐，公元前520年，生于卫国。进入孔门时，已经商致富，是来自卫国的大商人。子贡曾先后在卫国、鲁国经商做官。去官后，仍然经商。晚年，十分富有，"家累千金"，死于商业发达的齐国，卒年不详。

初入孔门时，子贡就是一个成功的大富豪，他曾经自视甚高，自我感觉很好。虽拜于名师门下，开始却并未把孔子的学问放在眼里。他对孔子的敬仰，经历了一个转变的过程。据东汉王充《论衡·讲瑞》说：子贡"事孔子一年，自谓过孔子；两年，自谓与孔子同；三年，自知不及孔子"。学，然后知不足。随着时间的推移，他才逐渐感受到孔子思想的博大精深。

子贡思想活跃，聪明好学。富裕的子贡人生旅途上可能经历过贫穷创业的艰辛，他曾经就贫富两种状况应持什么样的人生态度请教老师。子贡自己主张"贫而无谄，富而无骄"。孔子的回答是："可也！未若贫而乐道，富而好礼者也"。孔子在肯定子贡穷应有志、富而不骄主张的同时，还提出了"贫而乐道，富而好礼"。子贡主张的是外在行为和人生态度，孔子强调的是人的内在修炼和文化素养。"穷且弥坚，不墜青云之志"。修身有成，才有"齐家、治国、平天下"的内在基础。

后来，子贡内外兼修，成长为富而好礼的大企业家。他具有国际视野，先后在卫国、鲁国经商和做官，成为商界、政界的杰出人才。司马迁在《史记·货殖列传》中曾用浓墨重彩描述子贡。司马迁说："子贡既学于仲尼，退而仕于卫""七十子之徒赐最为饶益""子贡结驷连骑，束帛之币以聘享诸侯，所至，国君无不分庭与之抗礼"。当时，各国富商巨贾，为数众多，但因政治地位低，社会影响并不大，甚至不能尊服过于朝。唯独子贡，做的是国际贸易，身份是并不寄人篱下的自由商人，又是孔子高徒，内外兼修，出行驾御成队马车，所到之处，各国君王皆以上宾之礼款待他。

子贡是协调国际关系、维护国家利益的杰出外交人才。史称，当时强大的齐国曾计划攻打弱小的鲁国，孔子派子贡出使齐、吴、越、晋诸国。子贡以自己对时事的洞察、宏观形势的分析，用雄辩的口才游说各国。后来，保全了鲁国，使齐国大乱，使吴国灭亡，使晋国强大，使越国崛起。十年之中，五国形势与格局发生了深刻变化。《史记·仲尼弟子列传》说："子贡一出，存鲁，乱齐，破吴，疆晋，而霸越。子贡一使，使势相破，十年之中，五国各有变。"

富而好礼的子贡是尊师重教、重视履行社会责任的大实业家。孔子有弟子三千、贤者七十二人，周游列国，到处讲学，子贡据推测极有可能是孔子教育事业的主要赞助商和工作助手。史载，孔子出游讲学遇到危难时，是子贡出钱出力，竭力救助。司马迁在《史记·货殖列传》里明确地讲道："使孔子名布扬于天下者，子贡先后之也。"此外，子贡还自掏腰包，为鲁国赎回奴隶，这本来应该是鲁国当权者做的事。

子贡不仅景仰孔子的道德文章，而且对老师感情很深。孔子去世后，弟子们相聚在孔子坟墓旁，按照礼节，守墓三年。三年期满后，弟子聚首，大哭一场，之后，就各奔东西了。唯有子贡，哀思不尽，在送走师兄弟后，又在老师墓旁建一小屋，手植楷树，住守相伴，再守墓三年。至今，在山东曲阜孔子墓旁，还有"子贡庐墓处"。

如今，二千多年过去了，子贡手植楷树只剩下一段饱经风霜的树干残体。这段被保护的树干残体，记录下了子贡对老师孔子的千古情思。

儒商子贡，被历朝历代的商人，奉为楷模。他们在自己的商店里，挂着这样的对联：

陶朱事业，端木生涯。

这副对联中的"端木"就是子贡。"陶朱"是指兴国明臣、经商骄子的范蠡。

看来，加强道德情操的修炼，提高文化内涵的素养，应该是古今中外企业家提升层次的自觉追求。

（2016年7月10日修订）

# 计然之策
## ——比《国富论》早二千多年的中国古典经济学理论

春秋末期,因经商致富产生了一批自由商人,他们根据自己的营商经验总结出一套发财致富的办法——《积著之理》。其中,最著名的就是《计然之策》。

据称,随着1776年亚当·斯密《国富论》的出版,经济学开始成为一门独立的学科。亚当·斯密也被尊称为"经济学之父"。

孔子曾编著鲁史《春秋》,记录了公元前770—前476年共194年的历史。春秋便成为那段历史的名称。《计然之策》是春秋末期,中国商人从实践中总结出来的一系列积累财富的主张和观点,是比《国富论》还早二千多年的经济学理论雏形。

计然是谁?一说是文仲。一说是范蠡。一说是范蠡之师,名研。一说是《吴越春秋》中的计倪,《越绝书》的"计倪内经"即计然之策。也有说是一本书的名字。众说纷纭,不一而足。这些商业主张和观点,已经涉及到储蓄、质量、薄利多销、价格、价值规律、稳定市场、商品生产等经济学理论的重要方面,只是不够系统、全面和未作深入的论述。如果是一本书,今天已经失传。

流传至今的《计然之策》的要点有以下几个方面：

（一）根据农作物的丰歉规律决定经营策略，重视储备。

"知斗则修备"，在市场中充满竞争，应做好商品准备。"时用则知物"，要预测不同的时间需要不同的商品。"知时而备"，要探求农业生产的年份丰歉规律，购进或卖出相应的粮食或非粮产品。

（二）"旱则资舟，水则资车，物之理也"，要未雨绸缪，预测未来。旱灾时要准备好水灾发生后需要舟船，水灾时，要考虑灾后重建需要车子。"待乏"，是指要迎季供应，应季之需，做到"淡储旺销"，以应对商品的匮乏。

（三）"论其有余不足，则知贵贱"。根据需求状况，可知价格波动趋势。"贵上极则反贱，贱下极则反贵""一贵一贱，极而复反"。掌握价格波动的规律，就可以"贵出如粪土""贱取如珠玉"。贵时要像讨厌粪土那样抛售，贱时要像珍惜珠玉那样地购进，商家要做到高卖低买。

（四）"上不过八十，下不减三十，则农末俱利。平粜齐物，关市不乏，治国之道也"。"末"在这里指商人。这几句话的意思是说价贱伤农，价高损害商人，国家要兼顾产销双方的利益，才能使市场繁荣，社会安定。

（五）"务完物无息币。以物相贸，易腐败而食之货勿留，无敢居贵。"强调重视质量，易腐败的食品不应长期贮藏。

（六）要重视商品和资金加快周转，"财币欲其行如流水"。"无息币"是指不要长期占压资金。"无敢居贵"是指不要囤积居奇。"什一之利"说的是要薄利多销，销售十分得利一分就不错了，不要贪得无厌，等等。

善于进行理论思维的民族，才称得上伟大的民族。既是兴国的名臣、又是经商的骄子的范蠡认为自己的成功，是遵循《计然之策》的基本原则才取得的。可见《计然之策》形成之久，影响之大。

被称作"气定神闲"的世界著名投资大师巴菲特有句名言，叫做"别人贪婪我恐惧，别人恐惧我贪婪"，被今天很多人奉为圭臬的重要投资原则，这是有道理的。但是，当我们读到早在二千多年前，就在司马迁《史记》中已经引用的诸如"贵出如粪土""贱取如珠玉"的《计然之策》时，就会由衷地感到中国古代商人的智慧并为之惊叹不已。

我们为《计然之策》的失传而深深地遗憾。它应该是和《孙子兵法》同期产生的经商之道，也可以说是商业领域的《孙子兵法》。这些被留传下来的只言片语，是商业经济的理论创新，像昨夜星辰呈现出朴素的辩证唯物主义思想光辉，它们穿越时空，仍然映照着今天商务世界的灿烂星空。

昨夜的星辰，依然闪烁。

（2016年7月10日修订）

## 诚贾良商——白圭

白圭是我国战国时代出现的"诚贾良商"的杰出代表。他对商人提出的道德文化素养要求和经商之术,使他成为继范蠡之后的又一位优秀的商业理论家、教育家和实践者。

白圭,名丹,出生于东周战国时期,家居现在河南洛阳一带。白圭是一个成功的商人,曾经为官。他从事的生意,主要是粮食、蚕丝、漆等农副产品的买卖。

差别化经营是商家成功的秘密。战国时代的大商人白圭就提出了一个非常有名的经商主张,叫做"人弃我取,人取我与"。这种逆向思维、反向操作的理念,与现代股神巴菲特的投资格言"别人贪婪时我恐惧,别人恐惧时我贪婪"如出一辙。

不同时间和地点的"取"和"与",其本质是"地域差""时间差"表现出来的价格差。低价"取"和高价"与"之间的价差就是商家的利润。这种经商理念来自于对市场供需变化引起的价差,是商家利润之源。在生产力水平低下的自然经济时代,长途经营农副产品,交通不便,谋取地域差价难度很大,这就是司马迁在《史记·货殖列传》里面说的"百里不贩樵,千里不贩籴"。但是,要谋取季节需求差价与年份丰歉差价，就要具有丰富的市场学、气候学、天文学知识，就要具有大致掌控这些领域运行规律的能力。

秋收时，白圭趁粮价低，以略高于市价水平购进粮食，平抑物价，防止"谷贱伤农"，卖予丝、漆供农民和手工业者农闲时从事纺织等加工业；蚕茧成熟时，收购布帛丝絮，以略低于市价水平卖出粮食，平抑物价，防止"价高伤民"。这就是史上记载的"岁孰取谷，予之丝漆；茧出取帛絮，予之食。"同时，他采取"时贱而买，虽贵已贱矣；时贵而卖，虽贱已贵矣"。意思就是：货物丰收价低，虽加价购买仍属便宜；市场涨价时虽低于市价销售仍属高价获益。

白圭努力学习并基本上掌握了天文学知识和地球气候变化之间的关系，大体上了解气候与农业生产丰歉的循环规律。他知道天上的木星，民间俗称太岁星，每十二年绕太阳运转一周，在这个周期中，地球上的气候会影响粮食等农作物分别出现丰收、平年和旱涝灾害的变化。白圭丰年购进粮食，灾年卖出粮食，很自然地收获了丰歉年的自然差价。

白圭运用的另一个经商原则，是薄利多销。"欲长钱，取下谷"，"下谷"是质量较差的粮食，也是要求不高的劳动者的基本生活需求。消费水平低，消费弹性小，数量大，利润虽少，但积少成多，照样能赚大钱。为保证货源充足，增加粮食产量，白圭还主张"长石斗，取上种"，经营买卖种子，必须是优良品种。战国时期农业生产技术水平有所提高，已经掌握并重视选择良种提高单产。白圭充分肯定了这一成功的生产经验，认识到生产既决定农民的生计，又决定社会消费的道理，并把它运用到生产与商业经营中。

白圭与法家的奠基人、魏国国相李悝是同时代的人，在战国时代还不算巨富。但白圭尊重规律，崇尚法治，充满自信。他认为，他的经营谋略是受历代思想家治国理政、用兵如神、赏罚分明的先贤影响。他是一位善于从多种智慧中吸取营养，努力继承优秀文化传统并能创造性地应用的古代商业大师。

白圭还是一位杰出的商业理论家、教育家。他强调企业家的个人道德素养和能力建设。他认为，一个精明强干的商人，必须具备"智、勇、仁、强"四个条件。"智"就是通"权变"，权衡时机，适应形势变化，做到与时俱进，出奇制胜；"勇"就是要有担当，在关键时刻有敢于决策的决心、魄力和勇气；"仁"就是在实施"人弃我取，人取我与"的原则时，要"取与"有道、有序、有度，要为自己和他人着想，统筹兼顾，要诚实守信；"强"就是有耐心，能坚守，有原则，不轻举妄动。

自有商品交换和市场经济以来，激烈的竞争一直在商品、技术、人才、体制和文化领域全面深入地展开。每个企业、每个商人、每个经济体都可能因为自己得天独厚的资源禀赋和环境条件而迅速成长壮大。但是，只有经济规模大、技术先进、职工人数多还不够，还要有文化强，经营理念先进，才可能使企业变得真正强大。

白圭的商业经济理论告诉我们：商人，也应该是具有高度文化素养的人。

心中无文，行之不远。

（2016年7月10日修订）

# 法治经济的先驱——商鞅

马克思主义经济学基本原理明确指出：生产力决定生产关系，经济基础决定上层建筑。商业一旦脱离生产力发展水平而过度发展，也会使经济结构失衡，造成社会倒退，国力衰败，必须依法治理。

商鞅，就是我国战国时期法家的杰出代表。

战国初期，旧贵族把持秦国朝政，居民大量弃农经商，农业衰败，国势贫弱。"君臣废法而服私，是以国乱，兵弱而主卑""诸侯卑秦，丑莫大焉"。秦始皇统一中国以前，秦国在很长一段时间，是被各群雄看不起的诸侯国。秦孝公继位后，励精图治，下令求贤，商鞅应募来到秦国。

商鞅（约公元前390—前338年），即公孙鞅，卫国人。受早期法家李悝、吴起等人影响，主张依法治国。入秦后，经三年等待、四次求见和两派激烈地辩论，终于获得孝公的信任。孝公三年（公元前359年）开始变法。孝公六年，被任命为左庶长，掌握秦国军政大权。

商鞅先后两次变法，从《商君书》和其他史料中可以了解他变法的主要目的是重农抑商。战国七雄并峙，最需要的是士兵和粮食，农业自然是不可取代的经济基础，绝对不允许被削弱。商鞅变法的主要内容是：

第一，直接限制农民弃农经商。

对商人进行总量控制。无论主仆均依名造册，分配徭役。不按土地而按人头分担军赋，以减轻农民负担。为防止农业人口盲目流入城市，"废逆旅"，不许随便开设旅店、饭馆，为外出经商设置障碍。

第二，对商人征重税。

将战国时期许多人主张"关市饥而不征"，变为"重关市之赋"。商鞅主张"不农之征必多，市利之租必重"，使"市利尽归于农"。对酒肉征重税，定价之高十倍于成本，以限制消费，高额利润收归国家，使商人因利微而改为务农。

第三，国家独占山泽之利，实行盐铁专卖。

在战国时期私营商业势力大发展的条件下，只有秦国实行盐铁专卖。商鞅是继管仲之后实行盐铁专卖的第二个著名人物，所不同的是管仲垄断流通而将生产分散于民。商鞅则控制了生产和运销、批发环节，把专卖品交给或部分交给商人零售，而且要经特许才能经营，并课以很重的专卖税。

第四，管制粮食贸易，不准商人经营粮食。

商鞅下令"使商无得籴，农无得粜"。使商人在丰年"多岁不加乐"，在灾年"饥岁不裕利"，丰歉之年都无利可图，促使其弃商从农。农民须自食其粮，不得相互买卖。禁止商人从事粮食贸易，作为一项政策，在中国古代历史上商鞅是唯一的施行者。

第五，提高粮食价格。

商鞅遵循"食贱则农贫，钱重则商富"的规律，推动国家实行高粮价政策，可调动农民种粮积极性，抑制和减少商人从粮食贸易中谋取高额利润的动力，是用经济手段配合行政手段鼓励农耕的政策。对粮食"籴贵"一方面可以重农，另一方面则可以抑商。

商鞅在抑商中只是对商人进行限制，继续征税说明私商仍然存在。但是他提出的"禁末"的口号，表明"雕文刻镂"的奢侈品生产是受到严格禁止的。

商鞅重农抑商的思想，具体形成了粮食官营、盐铁专卖、重征商税、私商受限，但并未禁商的政策。商鞅对金属货币不重视，在他生前仍实行实物货币——布，这是由于秦国商品生产和流通都比较落后所决定的。

商鞅在秦国主持变法先后共二十一年。公元前338年，秦孝公去世，太子惠文君继位，因变法使利益遭受重创的旧贵族乘机报复，商鞅被"车裂以徇"。但是，商鞅的新法继续实施，各项政策得以延续。秦国妇孺都能"言商君之法"。"行之十年，秦民大悦""乡邑大治"。秦国实现"国富民强""其后卒并六国而成帝业"。在经历近五百年的春秋战国时期以后，秦国终于统一天下，建立了中国历史上第一个封建帝国。

从商鞅到秦始皇，虽然抑商严厉，但并不是取消商业。商鞅出生在商业发达的卫国，了解商业在自己故国经济发展中的作用。所以秦国在官营商业大发展的同时，私营商业也得到某些发展。秦始皇在继续贯彻一百多年前商鞅就实行的统一度量衡政策的同时，免收六国商人来秦开展"跨国"经营的关税，促进互通有无的"国际贸易"。他甚至在卫国野王县即现在河南沁阳县设立"经济特区"，让珍稀、违禁商品和多余物品在这里开展互市贸易。

商鞅变法，以及他的农战思想，具有时代的客观必然性，也具有历史的局限性，积极与消极的影响都有。但他开创的以农为本的法治经济的道路，使封建体制得以形成和巩固，对后世产生了长远的影响，使他成为光耀历史的法治经济的先驱。

（2016年7月13日修订）

# 第一个为商人立传的史学泰斗
## ——司马迁

司马迁（公元前145—约公元前86年），字子长，今陕西韩城人，出身史学世家。司马迁儿时有过一段耕牧生活，10岁便能诵习古文，曾受教名派名师，学养丰厚。他20岁时开始漫游名山大川，足迹所至，遍及今陕西、河南、山东、安徽、江苏、浙江、湖南、湖北。其间还在齐鲁的都会研讨学问，领略孔子遗风。曾探察浙江绍兴、拜谒大禹陵。归来后出仕朝廷郎中，奉命出使云、贵、川等地。这些游览考察经历，扩大了司马迁的知识视野，丰富了见闻，陶冶了他热爱祖国、热爱生活的感情，磨炼了他的顽强意志。

司马迁父亲司马谈，学识渊博，通晓天文、地理、历史，熟谙春秋战国以来诸子百家各个流派的学说和主张，曾论阴阳、儒、墨、名、法、道德"六家之要旨"。于公元前140—公元前110年间，任汉武帝太史令。公元前110年，汉武帝举行汉王朝建国以来第一次封禅典礼。司马谈因病滞留今河南周南地区，弥留之际，哭泣嘱咐出使归来的司马迁继承父志，光大祖业，务必写出一部完整的史书。司马迁含泪应诺，一定认真详实整理父亲遗留的史料，完成父亲未竟之业。

武帝元封三年（公元前108年），司马迁继任太史令。他搜集资料，遍读皇家典籍，于武帝太初元年（公元前104年），开始了《史记》的编写工作。武帝天汉三年（公元前98年），司马迁因为为弹尽粮绝投降匈奴的汉将李陵说情辩解，遭李陵之祸被处以腐刑。其本质原因是司马迁写《史记》"其文直，其事核，不虚美，不隐恶，故谓之实录"（《汉书·司马迁传》）。《史记》"极言"先帝之短和"今上"之过，使汉武帝窝火；他"崇黄尧而落五经"，又和"独尊儒术"的汉武帝格格不入。汉武帝看过《史记》后大怒，"削而投之"，至今《史记》虽有目录但仅有删减后的汉景帝与汉武帝两帝的"本纪"。遭受宫刑之后的司马迁蒙受人生少有的奇耻大辱，发出了"人固有一死，或重于泰山，或轻于鸿毛"（见司马迁：《报任安书》）的千古箴言。父亲的临终嘱托，痛苦的人生历练，新的生死观、时代责任感使他勇敢地活下来。蒙辱度过一年的"蚕食"生活之后，于武帝太始元年（公元前96年）被大赦出狱，后任中书令。卒年不详。

《史记》的历史地位无与伦比。《史记》共计一百三十篇，五十二万余字。它涵盖三千多年历史，是一部"究天人之际，通古今之变，成一家之言"（见司马迁：《报任安书》）的史学杰作；它记言记事记人物，是我国第一部纪传体通史；它不仅是伟大的史学著作，也是一部伟大的文学著作。我国二十四史中，没有哪一史能与《史记》相比。司马迁当之无愧地成为中国历史学界的先驱和泰斗。

鲁迅先生曾评价《史记》是"史家之绝唱，无韵之《离骚》"。

《史记》是世界传记文学史上第一部开山巨著，是世界史学与文学史上的瑰宝。世界史学史上，只有两部史书创作早于《史记》，它们是古希腊的希罗多德所著的《希腊波斯战争史》，涵盖历史仅五十年左右；还有古希腊的修昔底德所写的《伯罗奔尼撒战争史》，涵盖历史仅二十七年。两部史书作者于公元前400年以前先后相差20—30年去世，因此，两作品早于《史记》。但是，两部史书所述历史涵盖时间短，又是专题性的"战争事件史"，无法与成书虽晚三百余年，但却囊括政治、经济、军事、文化、科技、民俗等各方面内容的"通史"相比。而且仅数十年的战争史与涵盖三千年的通史相比，也难望其项背。《史记》这部恢弘巨著的作者司马迁，因此进入世界文化名人之列。

司马迁是古今中外历史上，第一个为商人立传的史学泰斗，其典型代表作是《史记》中第一百二十九卷《货殖列传》。"货殖"是指"滋生资货财利"以致富而言。即利用货物的生产与交换，进行商业活动，从中生财求利。司马迁说："布衣匹夫之人，不害于政，不妨百姓，取与以时而息财富，智者有采焉。作《货殖列传》。"（《史记卷一百三十·太史公自序》）这是他写作该篇的动机与主旨。全文主要是为春秋末期至秦汉以来的大货殖家，如范蠡、子贡、白圭、猗顿、巴寡妇清、卓氏、程郑、孔氏、师氏、伍氏等数十位商人作传。通过介绍他们的言论、事迹、经济实践等商业活动，叙述他们的致富之道，表达自己的经济思想。

司马迁认为，人皆有私欲，可以说是与生俱来，从这个意义上理解，每个人都有追求自己幸福的权利。"富者，人之情性，所不学而俱欲者也。""天下熙熙，皆为利来；天下攘攘，皆为利往。"这当中有运用商人特有的智慧，灭商兴周、开创齐国的姜子牙；有知人善任的管鲍之交和发展经济、富国强兵的管仲之才；有富而好礼的儒商子贡；有知进知退、富有社会责任感的商圣范蠡；有集商业理论家、教育家、实践家于一身的商祖白圭；有我国历史上第一位有名字可考、经营朱砂矿业的川渝女企业家巴寡妇清；有诚心捐款的爱国商人卜氏等等。司马迁的商业经济理论属于儒家范畴，主张依靠市场的力量，任由经济自由发展，政府不要与民争利。他主张"顾善者因之，其次利道之，其次教诲之，其次整齐之，最下者与之争。"但是，司马迁的主张并不偏激，没有全盘否定官营工商业，并不完全摒弃国家干预政策。他在强调要遵循经济规律、顺其自然发展"故善者因之"的同时，也认为应从宏观上"利导之""教诲之""整齐之"。他在《史记·平准书》中也给用法家思想治国的桑弘羊以"民不益赋而天下用饶"的很高的历史评价。

太史公司马迁为商人立传的《史记·货殖列传》受到后人高度评价。有人说："读中国书而未读《史记》，可算未曾读书，读《史记》而未读《货殖列传》，可算未读《史记》。"又说，《货殖列传》表明："史公之识，卓绝千古；史公之笔，精妙绝伦。总揽全文可见传中人物各具特色，各怀其才；篇中叙事行云流水，自然流畅；文中说理鞭辟入里，无懈可击；全篇辞章奇伟雄浑，波澜壮阔。"可谓博大精深，浑然一体，不存偏见，卓识远见，实为中华优秀传统文化中璀璨夺目的光辉篇章。

美哉，《货殖列传》！

（2016年7月12日修订）

## "文景之治"的经济政策

西汉初年,汉高祖刘邦虽然取得楚汉战争的胜利,但经济社会实际上已处于崩溃的状态。国库空虚,物资匮乏,民不聊生。有一年关中大灾荒,灾民相食,死去大半。"自天子不能具钧驷,而将相或乘牛车,齐民无藏盖"(《史记·平准书》)。意思是皇帝的车驾都找不到毛色一致的四匹马,有的将相只能乘牛车,普通百姓更是衣不蔽体、家徒四壁,无任何积蓄可言。

刘邦死后,惠帝继位,吕后专权。但据《中国通史简编》记载,惠帝以曹参为相,继承前臣萧何所定法令,"萧规曹随",行黄老清静无为之术,奖励增加人口,开垦土地,经济有一定恢复,但因"人祸"又添重创。

公元前179—前157年,汉文帝刘恒在位。公元前156—前141年,汉景帝刘启在位。文景二帝执政时代,继承道家"无为而治"的黄老之术,文化上重视"以德化民";经济上施行轻徭薄赋、劝课农桑、休兵息战、勤俭节约等休养生息的政策。使人民生活有很大程度的恢复提升,汉朝的物质基础大为增强,出现了封建社会历史上第一个盛世，史称"文景之治"。

"文景之治"时期实施的经济政策是大势所趋，民心所向，也是当时治国理政的必然选择。

轻徭薄赋。早在汉高祖、汉惠帝当政时期，就实行"十五而税一"的税制，即使在吕后当政时期也未改变。汉文帝时，进一步降低田租的税率，减半征收，按"三十而税一"征税，即田租税率为3.3%。从文帝十三年起，还曾全免田租长达十一年。给复员军士、逃亡人员分配田宅，减免徭役。

劝课农桑。文帝、景帝重视农业，曾多次下令劝课农桑。根据户口比例设置三老、孝悌、力田若干人员，给予他们赏赐。劝解百官关心农业。每年春耕时，他们亲自下地耕作，给百姓做出榜样。文帝时，农田面积增加。《汉书·文帝纪》曾写道："以口量地，其于古犹有余。"粮食单产提高，在文景帝时，已达每亩产粟3石，比战国李悝时期的亩产2.5石提高20%。粮食贸易扩大，粮食商品量大约是秦朝的2.5倍。

"驰山泽之禁"，促使手工业和商业加快发展。铜已发明胆水取铜法，铜器制作已转向家庭用具和工艺品，其中铜镜生产多而著名。铁产比铜产分步更广，规模扩大，技术提高，钢铁制兵器及日常生活用具已开始普遍使用。纺织业较快发展，已出现临淄、定陶、任城、成都等著名丝、麻产地。陶瓷较前代更加进步，用釉已设色，盛酒之瓮有"绿瓷"之称。造船业也有突出发展，已可造承重25吨—30吨的大船，大船两旁各有23桨，可作江海航行。随着农业、手工业的发展，商业日益繁荣，远距离的贩运已占很大的比重。

倡导节约，反对奢侈。文帝生活节俭，宫室内衣服少有增添。衣不曳地，车无添饰，帷帐不施文绣。文帝曾经想建一露台，报出预算后，需要百金，他便放弃了这一想法。并说："百金相当于中产人家十户的财产总和，我继承先帝的宫室，还常觉羞耻，怎能花百金建露台。"他还减少自己的开支，裁减侍卫人马。下诏禁止郡国贡献奇珍异物。因此，国家开支有所节制，贵族官僚不敢过度奢侈，人民负担有所减轻，民力得以休养生息。

文景之治的经济政策使汉初的生产力逐渐恢复并迅速发展。人民生活得到较大程度的提升，王朝的物质基础大为加强，出现了多年未有的稳定和富裕景象。

据《史记·平准书》记载，文、景两朝后，汉武帝刘彻即位之初，"府库余货财，京师之钱累巨万，贯朽而不可校，太仓之粟陈陈相因，充溢露积于外。"意思是，国库充盈，粮仓丰满。府库里大量铜钱多年不用，以至于穿钱的绳子都烂了。散钱多得数不过来。粮食吃不完，堆积不下，已经不得不堆放在露天。王侯封国的平均统辖户数由汉初大则不过万家，最小的五六百户；到文景之世，流民归田园，户口迅速增长，列侯封国大者至三四万户，小的也户口倍增。农业发展使粮价大降，文帝时期，米价已经由当初每石万钱降至十余钱至数十钱。民众从中受益，出现生活安定、经济繁荣的景象。

文景之治为汉武帝走向鼎盛时期，打下了坚实的物质基础。武帝治世，曾因征战、灾荒、水利基建等原因，耗费过度，后来系统地接受了儒家董仲舒的治国理念，"罢黜百家，独尊儒术。"经济上采用桑弘羊的法家思想,"官山海"、实施平准均输之策、统一铸币,造就了空前强大的大汉王朝。

武帝大治的历史基础,应源于"文景之治"。

(2016年7月10日修订)

# 伟大的创举——丝绸之路

史料表明，早在先秦时期中国与西域就有交往。

两千一百多年前，中国汉代的张骞两次出使中亚，开启了中国同中亚各国友好交往的大门，开辟出一条横贯东西、连接欧、亚与非洲的商路——丝绸之路，史称"凿空之旅"。"凿空"是打通的意思。

丝绸之路是指起始于古代中国，连接亚洲、非洲和欧洲的商业贸易路线。丝绸之路又分为陆路和海路，其中陆路分为"北方丝路"与"南方丝路"。人们通常所讲的"丝绸之路"是指绵延7000公里横跨亚、非、欧的"北方丝绸之路"。丝绸之路是人类文明史上的伟大创举，是古代东西方最长的交通路线，是沿线各国人民共同谱写的友好篇章。所以，丝绸之路又被称为友谊之路。

公元前138年，张骞受汉武帝委派，首次率领百余名随从出使西域，途中被匈奴捉住，扣押十一年。他不忘使命，设法逃脱，历经千辛万苦，九死一生，辗转到达大月氏。十三年后，张骞完成了"凿空之旅"，返回长安，身边仅带回在西域的娶妻和一位随从。张骞向汉武帝报告了西域见闻，以及他们愿和汉朝往来的愿望。公元前119年，汉武帝派遣已经时任中郎将的张骞第二次出使西域。张骞及他的副使率使团并上万头牛羊和大量丝绸，到达过西域乌孙国、大宛、康居、大月氏、大夏、安息、身毒等许多国家。西域各国也派使节团回访，汉朝和西域的交往从此日趋频繁。

史载，自此西域各国纷纷归附汉朝。公元前60年，西汉设立西域都护，总管西域事务。从此，今新疆地区开始隶属中央管辖，成为中国不可分割的一部分。

公元73年，东汉派班超出任西域都护。他帮助西域各国摆脱了匈奴的控制，重新打通隔绝五十八年的西域。班超在西域都护任职三十年，加强了西域与内地的联系。班超在任之时，曾派甘英出使大秦，即当时的罗马，"临西海而还"，到了地中海和波斯湾。班超首次将丝路从西亚，延伸到北非、欧洲。罗马人也沿着丝路来到东汉京师洛阳。据《后汉书》记载，公元166年，大秦（罗马）使臣来到洛阳，这是欧洲国家历史上同中国的首次直接交往。

丝绸之路依托道路联通。北方丝绸之路指由黄河下游的洛阳、长安等城市为起始点，通达西域的商路。一支是存在于先秦时期，从黄河中下游北上，穿越蒙古高原、西伯利亚平原南部到黑海滨直至地中海的"草原森林丝路"；另一支是繁荣于汉唐，自洛阳、长安起始，穿越今天的陕、甘、宁、青、新疆，经由中亚达到北非、南欧的"沙漠绿洲丝路"。"沙漠绿洲丝路"延续时间长，历史影响深，沿线遗存多，是丝路的主干道。沙海浩瀚，绿洲仅存，驼铃声声，马帮不绝。沙漠戈壁气候，既有"大漠孤烟直，长河落日圆"的时刻，更有随时降临、遮天蔽日的沙暴。开拓者们遇到过的艰难险阻，可想而知。

始于成都、邛崃的"茶马古道"——南方丝绸之路，据史载，是第一次出使的张骞在西域发现的。他在西域发现邛杖和蜀布，讯问后知道是产自现今的四川和邛崃，经"大象之国"即今日之印度和缅甸，运抵西域。

始于我国雷州半岛最南端的徐闻以及广州、泉州、宁波、扬州等地的"海上丝绸之路"，与北方丝绸之路一起构成了横跨欧亚大陆的陆路、水路交通大动脉，是亚欧非古代文明交汇的历史纽带和桥梁。

据《中国商业通史》记载，至唐朝德宗年代，与周边和境外各国的交通要道及商路已多达七条，成为唐王朝经济繁荣、疆域广大、对外开放的重要标志。

丝绸是丝路上的标志性贸易商品。1956年至1958年，浙江省文物部门的专家们，先后两次对湖州市城南7公里的潞村古村落——钱山漾遗址进行发掘，发现了绢片、丝带、丝线等遗存。经权威科研机构切片检测和碳十四测定，绢片和丝带被确认为人工饲养的家蚕丝织物。这批绢片距今已有4200至4400年。这意味着，中华民族至少在四千二百年前的新石器时代就掌握了养蚕织丝技术。绢片2015年在意大利米兰世博会亮相，引起轰动。钱山漾被学术界公认为"世界丝绸之源"。丝绸，这种华贵美丽的人工制品，数千年来便成为中外交流的载体和友好使者。

丝绸之路是一条通商之路，以贸易实现商通。张骞通西域以后，以丝绸为主要代表的各种商品交换在东西方贸易交往中迅速增加。沿途各国元首和贵族曾一度以穿着用腓尼基红染过的中国丝绸、家中使用中国瓷器为富有、荣耀的象征。19世纪末，德国地质学家李希霍芬和德国人胡特森以史实为据，分别以《丝绸之路》为名写出专著。丝绸之路的称谓从此得到世界公认。

商队从中国运出的货物除丝绸、瓷器以外，还有茶叶、铁器、金器、银器、镜子等豪华制品。传入西域的技术有造纸术、坎儿井、印刷术等。楼兰考古发现了公元2世纪的古纸，敦煌、吐鲁番等地发现了用于雕版印刷的木刻版和纸制品。从西域传入的有葡萄、核桃、胡萝卜、菠菜、石榴等农产品，以及汗血马、骆驼、裘皮、珠宝等牲畜和制成品。

以丝绸贸易为媒，促进了中国与中亚、南亚、南欧、北非的文化交流。出使西域的张骞，投笔从戎的班超，永平求法的佛教东渡，西天取经的玄奘，以及公元166年首次抵达洛阳的罗马使节，汉唐时期云集京师长安多达数万人的"胡商"，都成为经由丝绸之路促进中西方文化交流的友好使者。

制订政策鼓励国际贸易。汉武帝时期，主管全国财政贸易的大臣大司农桑弘羊，运用《管子》学说，制定鼓励进出口贸易的政策。对鼓励输出的商品，价格低于国外市场售价，即"天下高而我下"。对鼓励输入的商品，提高进口价，即"天下下我高，天下轻我重"。使从事进出口贸易的商人都能从贸易中获利，满足了国内外市场互通有无、发挥各自优势的消费需求。

古老的丝绸之路，如今东西连着欧洲和亚太经济圈，被认为是世界上最长、最具发展潜力的"经济大走廊"。初步统计，丝绸之路经济带总人口数十亿，市场规模和发展潜力独一无二，"经济大走廊"沿线各国在贸易和投资领域合作潜力巨大。

　　商通路通人心通，邻好友好政策好。曾经是"大漠孤烟直，长河落日圆"的古老丝绸之路，在经济全球化的大背景下，将焕发出绚丽多彩的美好青春。"使节相望于道，商旅不绝于途。"驼铃声声古道旁，交通网、动力网、通讯网互联互通。各国人民将共同谱写出合作共进、互利双赢的崭新篇章。

（2016年7月20日修订）

# 西汉改革家——桑弘羊

西汉王朝历时214年,第七代君主汉武帝刘彻在位54年,跌宕起伏,前衰后盛。武帝初期,征讨匈奴,兵连祸结;兴修水利,修筑长城,超出国力;赈济灾民,耗费巨资。以至耗尽"文景之治"积累的财富,"海内虚耗,人口减半",国弱民穷,深陷财政危机,已达山穷水尽的地步。后来,武帝任用桑弘羊为财政大臣,推行新政,使武帝执政期间成为西汉王朝历史的鼎盛时期。

桑弘羊(公元前153—前80年),出身洛阳富商家庭,是秦大夫子桑之后。13岁"以资为郎"进入汉宫,任后卫侍中。心算才能超群,深得武帝信任。39岁任大农中丞(财政副长官),五年后任大司农,主管全国财政经济工作达二十三年。桑弘羊提出的新经济政策的核心,既继承了齐国管仲"官山海"的盐铁专卖政策,又创造性地提出统一铸币、建立均输平准制度、酒类专卖的主张。他的主张,在当时和后世,始终充满激烈的争论。但是,其盐铁、铸币、均输、平准、酒榷等政策,影响中国历史两千多年。

桑弘羊提出的均输与平准制度,至今都具有可资借鉴的现实意义。

"均输"是什么意思呢?

当时,各个地方每年都必须向朝廷进贡土特产品。由于交通不便,把这些进贡的东西运到京城,往往需要花掉很多运费。运到之后,也未必是朝廷所需。远近不同,运费各异,劳民伤财,苦乐不均。

桑弘羊提出的"均输"办法,是各个地方把应该进贡的东西收上来以后,不必运到京城,而是交给由中央政府直接管理的"均输官",统一运到需要的地方以较高的价格卖掉,收益上缴国库。为此,专门制订"均输法"设立"均输官",建立统一管理的组织机构和运输销售网络,将产销连接,优势互补,实行覆盖全国的官营商业贸易。

"平准"又是什么意思呢?

"平准"最早的提法应来自春秋末期"计然之策",计然曾说过"平粜齐物,关市不乏,治国之道也。"魏国李悝曾据此思想提出"平粜法"以利农利民。与李悝同期的白圭曾有过成功的实践,史称"良贾"。桑弘羊继承了法家先驱李悝的思想,从粮食扩大到大宗商品,制定"平准法",设立平准机构,负责贱买贵卖、淡储旺销,平衡物价。"均输"与"平准"结合,使西汉中央政权控制了全国的市场。"均输"多是批发,"平准"多是零售;"均输"掌握地区之间互通有无的贸易,"平准"控制京城及周边的物价。"均输"是用官营商业的方式,既一定程度地减轻了民众赴京纳贡的长途运输负担,又为国家实现了巨大的财富积累。"平准"主要目标是稳定物价，不以盈利为目的。

在汉武帝支持下的桑弘羊新政实施后，从元封元年到太初四年的十年间，依仗雄厚的财力物力支持，关中等地水利工程竣工，齐赵灾荒顺利度过，震慑匈奴、边疆安定，不加重农民负担的措施使民力受到一定的保护，西汉国力强盛达到顶点。

桑弘羊的新经济政策极大地打击了富商大贾以及与大商人有联系的地主、官僚、贵族的经济利益。他的国家干预经济的法家主张，与另一派让利于民、自由发展经济的儒家主张，在当时与后世都尖锐地对立。武帝临死前，桑弘羊与大将霍光受托辅佐8岁的汉昭帝。代表大贵族、富商、地主利益的霍光曾在长安召集历史上有名的盐铁会议，与桑弘羊激辩。桓宽将会议激辩内容，整理成书六十篇，这就是著名的《盐铁论》，这是研究我国经济史和经济思想史的十分重要的历史文献。

有史料表明，盐铁会议第二年，霍光以谋反罪将桑弘羊处死。之后霍氏集团迅速暴富。汉宣帝即位后，在霍光死后的第三年，诛杀霍氏家族。

今天，中国已经从世贸组织的"新学生"变成了核心成员，中国经济总量也已位居世界第二。但是，在激烈的市场竞争中如何发挥比较优势，在互通有无的国内外贸易中如何进行"错位"经营，人们自然地想到两千多年前的"均输法"。

官营商业在当代中国已经过时，成为历史。但是，每当市场商品尤其是农产品价格出现剧烈波动时，也自然会想到西汉王朝实行过的"平准法"。低买高卖，淡储旺销，还是那么具有生命力。古今中外，农产品都是由弱势群体——农民生产出来的。在开展国际贸易时，美国有国内支持政策，欧洲有出口贸易补贴，日本有高价收购和进口卫生标准等技术壁垒进行保护。实践证明，市场经济不是万能的，它也会出现"市场失败"。即使在市场经济对资源配置发挥决定性作用的今天，政府也不应该简单地全部退出市场，而是要从"越位"的地方退出来，在"缺位"的地方补上去，更好地发挥政府的作用。

两千多年前西汉时期提出的《均输法》与《平准法》，蕴含着跨越时空的经济学理论创新。

（2016 年 7 月 13 日修订）

# 《盐铁论》
## ——中国历史版的"达沃斯"论坛

秦亡汉兴,青年才俊、政论家贾谊总结秦朝三世而终的教训时指出:"仁义不施而攻守之势异也"。于是汉初文帝、景帝两朝,轻徭薄赋,禁奢尚俭,历时近四十年,出现国富民丰的景象,史称"文景之治"。

但是,至汉武帝时,征战、灾荒、大规模基础设施建设,致使国库空虚,经济呈现疲弱之态。于是,武帝既采纳董仲舒"罢黜百家,独尊儒术"的治国理念,又在经济上重用法家的经济学家桑弘羊为大司农,总领财经工作。"内法外儒",造就了汉王朝的鼎盛时期。

桑弘羊继承了春秋战国以来管仲等著名法家代表人物的治国理政思想,主管全国财政经济达二十三载,曾官至大司农。桑弘羊受命于经济危难之时,在几十年的理财实践中,表现出卓越的才能与政绩。尽力不加重农民负担,从发展"官营"经济事业中扩大财政来源,是桑弘羊理财的特点。据《中国商业通史》记载,从元封元年到太初四年的十年间,桑弘羊独掌财权,大力推行盐铁专卖、均输、平准政策,粮食丰收,国库富饶。汉武帝率18万骑巡边,赏金巨万,边疆稳定；关中水利工程纷纷完工；齐、赵等地安然度灾，"皆取足大农"。桑弘羊因此被赐爵并受以重赏。他重视农业及商品流通的经济思想、通过发展官营工商业增加财政收入和减少农民负担、维护中小商人利益的政策措施，在我国经济史上具有承前启后的重要地位，是我国两千多年前一位杰出的经济学家。

桑弘羊力推的盐铁、均输、平准、酒榷、统一铸币等政策伤及了权贵和富商大贾的根本利益，加之执行中政策走样也出现过使人民利益受损的情况。汉武帝在世时就受到儒学大师董仲舒上书反对，武帝去世后，反对者的活动进入高潮。在昭帝始元六年（公元前81年），为排挤桑弘羊，大将军霍光作为各类权贵利益的代表者，召集各地代表大贵族、地主、商人利益的"贤良文学"到长安开会，讨论武帝时代的财政等内政、外交政策。这就是历史上有名的盐铁会议。会议辩争激烈，后经桓宽将辩争内容记录整理，成文六十篇，形成了我国经济思想史、政治史上十分重要的历史文献——《盐铁论》。

《盐铁论》是西汉时期的一本政论性散文集。由西汉桓宽所著。

桓宽，字次公。汝南（今河南上蔡）人。生卒年不详。宣帝时举为郎，后任庐江太守丞。桓宽根据当时的会议记录，并加上与会儒生朱子伯的介绍，将其整理改编，撰成《盐铁论》。第一篇至第四十一篇，记述了会议正式辩论的经过及双方的主要观点。第四十二篇至第五十九篇写会后双方对匈奴的外交策略、法制等问题的争论要点。最后一篇是后序。

《盐铁论》是研究西汉经济史、政治史的重要史料。郭沫若称它是一部"对话体的历史小说"。由于《史记》对桑弘羊的记述不够完备，《汉书》又未立专传。《盐铁论》因有桑弘羊的对话，可补此不足。《盐铁论》的议论从实际出发，针砭时弊，颇中要害；语言简洁流畅，浑朴质实。另外《盐铁论》采用对话体的写法，并且各篇之间互相联系，在古代散文作品中是很少见的。

《盐铁论》作者桓宽偏向儒家思想，不能保持客观立场。桓宽于此次会议记录中对诸"贤良文学"有明显偏颇的立场，书中多次描述官府官员们的窘态，或默然不对、或勃然作色、或怃然内惭……。多有贬抑之辞。

为了权贵与豪强自身的利益，儒生们举起了儒家早期的富民学说为己所用。他们全盘否定"官营"的盐铁专卖、均输、平准、酒榷和铸币。要求国家"罢盐铁，退权利"。"博物通士"的桑弘羊据理力争、严词答辩，从抑制兼并、防止割据、抵御匈奴、巩固国家统一、加强中央集权的经济基础等各方面予以抗辩，取得理论上的胜利。但是，因改革触及权贵及大地主官僚的切身利益，桑弘羊尽管也作了一些让步，一年后，仍为霍光所杀。经济上出现"官退私进"。宣帝即位后，重兴旧制，在霍光死后三年，霍氏家族仍被诛。汉武帝时期的法家理财思想重新被重用。桑弘羊治国理政的经济思想也对后世产生了深远的影响。

《盐铁论》中涉及到的儒家经济学说，是我国两千多年前就诞生的又一杰出经济学理论。孔子是儒家学说的创始人。杰出的儒家代表还有孟子、荀子、贾谊等人。孔子倡导仁义、和为贵。重视商业，其大弟子端木赐即子贡，是卫国大商人。孔子主张减关市之税，免山泽之征，先"义"后"利"，"爱财而取之有道""利民""富民"。孟子继承孔子学说，重视经商自由，主张减税收，反对商业垄断。儒家经济思想反对国家干预，主张让利于民，使经济自由发展。

值得关注的是继孟子之后，战国后期又出现了一位集儒家思想之大成的儒学大师荀况（公元前313—公元前238年），赵国人，史称荀子。他继承儒学，又吸收法家思想，形成了礼法结合、王霸兼称的独特的思想体系，对儒学既继承又发展。他是新兴地主阶级思想家中杰出的代表。他主张取消"世卿世禄"，提出富国强兵、统一全国的政治方案。提出"富民""裕民""利民"的口号，倡导"节用裕民""开源节流"，主张藏富于民、"下必有余"，不赞成把大部分财富集中在国家手里的财政聚敛政策。他支持农、工、商并提，但仍把农业放在首位，强调从事工商之人要有数量限制，既反对盲目"抑商"，又反对"弃农经商"。

伟大的史学家司马迁与荀子相似，也主张经济自由发展。"天下熙熙皆为利来，天下攘攘皆为利往"是司马迁的名言。他是在自己著述的世界最早的通史著作《史记》中，第一个为管仲、范蠡、子贡、白圭等先秦及西汉前中期大商人立传的史学家。但司马迁并没有像儒家那样全盘否定官营工商业，也并未完全否认经济运行中的国家干预。他的著作《史记》中的《平准书》，其名就来自桑弘羊的均输平准政策，而内容写的就是国家宏观经济管理。他认为《计然之策》中的"平粜齐物"由国家控制物资、调控市场合乎"治国之道"。他在《平准书》中给予桑弘羊以"民不益赋而天下用饶"很高的历史评价。他提出发展经济的"善因论":"故善者因之,其次利导之,其次教诲之,其次整齐之,最下者与之争"。在强调遵循经济规律、顺应自然发展、不与民争利的同时,也不排斥国家用"利导之""教诲之""整齐之"进行的引导、调节和控制。

1776年,英国经济学家亚当·斯密的《国富论》出版,他本人也因此被公认为是西方经济学之父,是古典自由主义经济思想的奠基人。《国富论》明确主张经济自由放任,反对国家干预。而在《国富论》发表约两千多年之前,中国伟大的先贤们,从儒家、法家和儒法融合的三个维度,就提出了治国理政的经济学三种主张以及"官营""私营"等所有制结构、宏观与微观、政府与市场的关系等经济问题。这些经济学主张,尽管都具有其历史的局限性,但是却表现出跨越时空的思想光辉。难怪二百多年前的中国,始终走在世界人类文明进步的第一方阵。

《盐铁论》是我国历史上治国理政两种经济学思想的首次交锋,也是中国乃至世界经济学思想史上第一份被完整记录的历史文献。《盐铁论》表现出的思想智慧,光照中国与世界,是中国历史版的"达沃斯"论坛。

(2017年7月15日修订)

# 贞观之治

唐太宗李世民（公元627—649年），在玄武门之变后，当上皇帝，年号"贞观"。"贞观"出自《周易·系辞下》，"天地之道，贞观者也"，意以正道示人。唐太宗君臣认真总结了隋朝短命速亡的经验教训，认识到"君，舟也；人，水也；水能载舟，亦能覆舟"。在治国理政中，政治上任人唯贤，虚心纳谏，广开言路；经济上以农为本，去奢省费，轻徭薄赋；文化上设馆兴学，撰经修史，完善科举；外交上文攻武备，修好邻邦，对外开放，使丝绸之路空前繁荣。形成了自汉王朝以后，更加繁荣的太平盛世，史称"贞观之治"。为后来的盛唐奠定了坚实的基础。

太宗政治上选贤任能，虚心纳谏。魏征原系太子李建成旧臣，曾议请谋杀太宗，太宗不计前嫌，启用魏征，并鼓励臣下直谏。魏征先后谏事二百余件，直陈其过，太宗大多克己接纳，择善而从。魏征死后，太宗伤心地说："夫以铜为镜，可以正衣冠；以古为镜，可以知兴替；以人为镜，可以晓得失。魏征逝，朕亡一镜矣。"尉迟恭铁匠出身，又是降将，仍受重用。"房谋杜断""萧规曹随"，太宗周围房玄龄、杜如晦、虞世南、诸遂良等贤臣云集,群星灿烂。

太宗施法,经济上以农为本,去奢省费,轻徭薄赋,休养生息。农业是封建社会的基础和主要产业。贞观时期,实行均田制和租庸调制,以曲辕犁、水车等先进技术取代秦汉以来的"火耕水耨",使粮食总产比汉代提高了约四分之一。手工业空前发达,分工更细。长安城内108坊,分布着纺织、陶瓷、造纸、金银珠宝加工、酿酒、雕版印刷、制糖、制茶、榨油等各行各业,分工之细远胜于汉代。交通四通八达。隋炀帝大修的御道、驰道当初虽给百姓带来巨大的灾难,却给唐代的陆路交通奠定良好的基础,连接长江、黄河、淮河三大水系的大运河,通江达海,水运便利。商贸空前繁荣,城市兴旺发展,首都长安、陪都洛阳已至鼎盛,今称扬州、成都、开封等空前昌盛的新兴城市遍布南北,东起武威的"河西四郡",以及西至碎叶的"安西四镇"成为丝绸之路上的重要城市。国内外市场实现前所未有的大发展。长安城内形成连接中外的国际市场东市、西市,其中西市作为当时最大的国际贸易中心更胜于东市,买"东西"一词据说来源于此。被称为"金市"的西市就有诗为赞:"五陵年少金市东,银鞍白马度春风。落花踏尽游何处,笑入胡姬酒肆中。"极盛时期,长安城内有九个市场。

文化上设馆兴学,撰经修史,完善始于隋朝的科举制度。太宗即位后在京设弘文馆,集书二万余卷;重建地方学校,扩充京师国子监,延聘名儒出任学官,生员过万;命孔颖达等人修订《五经正义》,统一南北经学;置国史馆,由宰相监修前朝国史;在隋朝建立科举制度的基础上，进一步予以完善。

外交上文攻武备，修好邻邦，对外开放，使丝绸之路达到鼎盛。先后平定东突厥、薛延陀、回纥、高昌、焉耆、龟兹、吐谷浑等，被四方服忱，共尊太宗为"天可汗"。开放边界，外国人可以在唐留学、做官，仅接收日本官派公费留学生就达七批，每批数百人。丝绸之路空前繁荣，"使节相望于道，商旅不绝于途。"岑参有诗云："凉州七里十万家，胡人半解弹琵琶。"元稹说："吾闻昔日西凉州，人烟扑地桑柘稠，葡萄酒熟恣行乐，红艳青旗朱粉楼。"那时的"大漠长河古道"，处处"丝路花雨新天。"

唐太宗27岁继位，历时23年，造就了"贞观之治"。直至"安史之乱"，盛唐持续了122年的太平盛世（自唐太宗贞观之治公元627年到唐玄宗天宝八年公元749年共122年）。至唐玄宗时期，前功后过，唐朝盛极而衰。曾经被称为"神童"的刘晏，开启了新的经济改革之旅。

（2017年7月15日修订）

## 唐朝改革家——刘晏

"玄武门之变"以后，李世民（公元599—649年）于公元627年即位，史称唐太宗，次年改元贞观。唐太宗在位期间，政治开明，招贤纳士，广开言路，轻徭薄赋，减少征战，形成经济发展、文化繁荣、疆域扩大、民族和睦、国力强盛的局面。成为当时世界上最强大的国家，开启了我国封建王朝持续一百多年的盛世，史称贞观之治。

唐玄宗李隆基（公元685—762年）于公元712年继位，前期有功，后期有过，一生功过参半。唐玄宗任内启用刘晏，刘晏表现出非凡的才干和理财能力，成为贞观盛世之后，给我国封建时期经济发展带来深远影响的一位杰出的经济学家。

刘晏是实行专卖制集大成的第一人。

刘晏（公元716—780年），幼有神童之称。著名的《三字经》中有"唐刘晏、方七岁。举神童，作正字"之语。受知于玄宗，曾任盐铁使、户部尚书。他在户部尚书任内直接分管东、南区盐铁、常平、转运、铸钱等官职达十几年。他创新经济管理，在食盐专卖中，创造出以"民制官收商运商销"的"间接专卖制"，即"就场专卖制"取代传统的"民制官收官运官销"的"直接专卖制"。这种做法,是管仲、商鞅、桑弘羊以来都没有过的首创。史称,"管子而后,盐法之善无有如刘晏者"。

刘晏实行食盐"就场专卖制"采取了一系列的盐政措施。他选贤任能,知人善任,精简机构,裁员减费;他改革盐法,由国家控制生产货源,掌握批发,管理民营零售;他遍设盐场以利收贮,在交通要道设仓堆栈以利分销;他设常平盐仓平抑盐价;他开前门、堵后门,打击走私,规范市场秩序;他规定盐商可以纳绢代钱,用以购盐,既解决了"钱荒",又满足将士军服之需,等等。刘晏实行食盐"就场专卖制"是我国商业行业史上的首创,给我国盐政管理和后世专卖制度带来深远的影响。

刘晏所处的时代,是唐王朝安史之乱以后,国家遭受重创的时期。经济残破,民不聊生,不能指望用向农民加重负担的传统方式去支撑财政、重振经济。

刘晏管理经济的基本指导思想是:由国家经营与民生直接相关的经济领域——官营工商业以增加收入,寓税于价,获取利润,充盈国库,而不是直接向农民增税。这种国家干预经济的思想,源于管子、商鞅、桑弘羊"官山海"实行盐铁专卖制度的传统。刘晏扩大了盐、茶、酒的专卖制度,也是把早于他九十年的右拾遗刘彤希望的"损有余益不足"的思想积极付诸实施。

刘晏管理经济,还有不少新的创造。

刘晏重视遵循经济规律。通过市场商品交换的方式保持粮食价格稳定。他重视粮食生产的丰歉差、季节差、地区差给粮价带来的价格波动，把常平的思想首先用于稳定粮食市场。他当时设的常平仓就是用于平抑日常的粮价波动，"低贮高抛"。所设"义仓"相当于今天的"战略贮备"，以丰补歉以及备战之需。他在赈灾售粮之时，鼓励灾区发展多种经营和副业生产，以本地土特产换购粮食，调剂官需及其他丰收地区的余缺。如《资治通鉴·唐纪四十二》所述："丰则贵籴，歉则贱粜，或以谷易杂货供官用，及于丰处卖之。"

刘晏是重视信息及网络建设的先驱。他密切重视各地气候和农业生产动态，在各地所设巡院内，置官逐月逐旬奏报。他把稳定粮价的方法扩展到其他商品。百物行市的涨跌，四方物资的余缺，重大商情快马加鞭传递信息。"故食货之重轻，尽权在掌握"。刘晏"使天下无甚贵贱，而物常平"。他对许多主要商品调节了供求，稳定了物价，进一步丰富和发展了桑弘羊的平准法。

刘晏懂得发展商业必须以发展生产力为基础，扩大商品流通必须以扩大生产为条件。他既重视食盐的专卖，也注意发展食盐的生产，积极调动食盐生产户的积极性。他注意到，在食盐批发价不变的情况下，要想获得10倍的盐利，必须靠食盐生产的同步增长。

刘晏重视民生，主张"理财常以养民为先"。他兴办常平，调剂民食。稳定粮价，既防止谷贱伤农，又防止谷贵伤民。他不主张直接向人民加重赋税劳役，而提倡通过官营商业增加收入，充实国家财政。由于他注重养民，让老百姓安居乐业，所以，实现了人口增长，"户口滋多"。史载："晏始为转运使时，天下现户不过二百万，其季年乃三百余万。在晏所统则增,非晏所统则不增也。"

刘晏首创了商品专卖的原则。历史上曾有过专卖的做法,却未被提升为原则。他据以增加财政收入的主要途径是实行食盐专卖,这是人们无法自己制造而又是生活的必需品,人人需要,数额巨大,方可实行专卖。专卖食盐,寓税于价。"知所以取,人不怨。""因民之所急而税之"是刘晏自己的理论概括和首创,也成为后世选择专卖商品的一项原则。

刘晏还提出了很多跨越时空的经济思想。比如,他反对围湖造田,认为弊多利少;与桑弘羊重官商抑私商不同,刘晏在重视官营商业主张国家干预经济的同时,注意多渠道经营、发挥私商的作用,食盐专卖就实现了私商运销;他注意到流动性不足对经济的影响,重视货币在流通中的作用;他推行出钱雇佣的雇工制取代无偿强制性的劳役制,等等。

刘晏重视人才选拔任用,择"通敏精悍廉勤之士"而用之,他死后二十余年继掌财赋皆其故吏,有名于时,可见当时刘晏得人之盛。刘晏自己工作勤恳,视事敏速,居官清廉,治家俭约,在封建社会的官僚中大不同于流俗之辈。

往事越千年。生活在唐王朝由盛而衰的封建时代,刘晏也不可避免地具有历史的局限性。但是,他治国理政的卓越才干和创新的经济思想,跨越时空,已成为我国经济发展史上的宝贵遗产。

(2017 年 7 月 15 日修订)

## 李白与丝路
### ——丝路历史上的中外文化交往

2003年9月初,吉尔吉斯斯坦秋日的阳光仍然像往常般的灿烂,一片风和日丽,热情好客的主人在我们公务之余安排访问李白的出生地——碎叶。

恰逢时任外交部长李肇星同期访问吉尔吉斯斯坦,我们受主人之邀,从首都比什凯克出发,一路同行前往碎叶。

离开托克马克市郊公路后,车在便道上行走数公里,我们来到平原上的一座长满杂草的土丘。经过上千年的风吹日晒,地面上已经不存在任何的建筑,只见土丘上横卧着成方格状的一些断壁残墙,大约一人高。极目四望,周围是一片向远处延伸的绿色原野。吉方一位年轻的女士用俄语向我们介绍说:

"唐代李白的父亲经商来到碎叶,李白就在这里出生,我们国家非常尊重大诗人李白,世代珍视并保护着它的诞生地。"

李白生活在丝绸之路处于鼎盛时期的唐朝,他的诞生地和传奇人生也与丝路结下了不解之缘。

回首历史。西出阳关,东望故园,丝路上往来的不仅是商旅和驼队,也有行色匆匆的文人、学者、僧侣、旅行者、传教士……。

**李白与丝绸之路**

丝绸之路始于秦汉,盛于唐朝。据吴慧主编的《中国商业通史》介绍,我国陆路有七条道路,其中以由张骞开辟的通西域的丝路最为有名。南方丝绸之路在时间上早于张骞通西域,《史记》记载张骞在西域发现"蜀布与邛杖",非常惊奇,经打听,方知来源于中国西南地区,经"大象之国"到达西域,但终因山大沟深交通不便而规模有限。海上丝绸之路最早始于汉朝,史载,从现在的广东省雷州半岛最南端的徐闻县下海,经南海与南洋乃至东非沿线各国通商。徐闻是汉代海上丝绸之路最早的始发港之一,至郑和下西洋时达到鼎盛。哥伦布发现新大陆比郑和下西洋晚了八十七年,其三艘小船和郑和的万人船队相比,难望其项背。

陆路与海上丝绸之路是我国与沿线各国人民共同创建。诗仙李白出生地,史上充满争论。部分学者认为,李白祖籍是甘肃天水秦安县,其父后来沿河西走廊后赴西域经商,李白诞生地是现今吉尔吉斯斯坦的碎叶。李白5岁随其父定居四川省江油约二十年之久,江油县是其真正成长的故乡。之后,云游四方,晚年投奔堂叔、当涂县令李阳冰,后终老在当涂县。死后,葬于当涂县大青山下。探访当涂县可以看见,现今李白墓园前立有一牌坊,上有启功先生题写的"诗仙圣境"四个大字。

至唐朝，张骞开辟的丝绸之路已繁荣至极。向西沿途建有武威、张掖、酒泉、敦煌"河西四郡"，以及龟兹、疏勒、于阗、碎叶"安西四镇"。"安西四镇"隶属安西都护府管辖。碎叶古城遗址现今位于吉尔吉斯斯坦的托克马克市郊8公里处，曾经是中国历代王朝史上在西部地区建立最远的边陲城市，也是丝路上的重镇。郭沫若先生主要依据当涂县李白墓园的一块宋碑考证，确认碎叶是李白的出生地。上千年的岁月磨砺，李白诞生地的遗存已风化成一座巨大的土堆，土堆上有方格状墙体，目前，碎叶城尚存有周长达26公里的城墙，但已成残垣旧迹。

　　诗仙李白的人生轨迹，秦安——碎叶——江油——安陆——济宁——长安——当涂，主要节点都处在丝绸之路上。长安是唐玄宗启用李白为翰林的地方，又是古丝路的主要起点。张骞开辟的陆上丝路，途经天水秦安，碎叶是唐朝"安西四镇"最西边的城市。盛极一时的国际交往和对外开放，浸润着李白的一生。离江油不远的成都市，古称益州，是南方丝绸之路的起点。李白终老的当涂县离当时海上丝绸之路起点之一的扬州很近。"使节相望于道，商旅不绝于途"的盛唐景象，给李白的一生定会留下深刻的印象。

　　东向朝鲜与日本的贸易之路，也是我国古代丝路之一。

　　读万卷书，行万里路的诗仙李白，一生充满对生活理想的追求，他与当时另一著名诗人王维，曾经与来自东土的日本遣唐使阿倍仲麻吕交往很深。在讹传阿倍仲麻吕返国身亡时，还曾赋诗纪念。迄今位于西安兴庆公园内的安倍仲麻吕纪念碑的两侧，分别刻有李白《哭晁卿衡》诗和阿氏《望乡》诗。晁衡就是阿倍仲麻吕的中国名字。李白诗云：

日本晁卿辞帝都，征帆一片绕蓬壶。明月不归沉碧海，白云愁色满苍梧。

史载，李白在长安朝中为翰林时，曾有"李白醉草吓蛮书"的传说。此说中的蕃文争议很大，一说是渤海国原始森林文字，另一种解释是汉族文字以外的少数民族文字。如果蕃文是指来自西域的于阗文字，那么李白诞生于碎叶，受其父多年生活在西域的影响也因此而了解蕃文，应该是符合逻辑的合理解释之一。

**丝路上的文化交往**

自开辟丝绸之路以来，在古老的丝路上，中外文化交往与经济贸易合作，从未间断，始终交相辉映，互相促进。青海长云，戈壁黄沙，大漠孤烟，长河落日见证了丝路历史上的经贸文化往来。

佛教与佛教艺术从印度经中亚传入中国，与中国文化结合，形成了独具中国特色的佛教文化与艺术。享誉世界的敦煌石窟就是丝路上的一座丰碑。敦煌石窟始建于东晋时期十六国中的前秦建元二年（公元366年）。从4世纪至14世纪一千多年的开凿，形成了世界罕见规模宏大的石窟群。至今存有洞窟700多个，彩塑2000多身，壁画4.5万平方米，成为世界仅有的历史遗存与文化奇迹。

法显，东晋人（公元334—420年），俗姓龚，今山西省长治市襄垣县人。公元399—412年，在东晋安帝时期隆安三年春，法显组团从长安出发，经过河西走廊，越过浩瀚的大漠戈壁，跨越帕米尔高原和昆仑雪山，经历葱岭强盗抢劫、同伴病亡出走等无数艰难险阻，赴天竺求法。法显65岁开始出游，行经约三十余国，经海路至现在青岛崂山登陆返国，历时十四年，归国时已78岁。法显是我国最早赴西天求法的僧人，也是历史上唯一既经过陆路、又经过海上丝绸之路的第一人。一生译经卷多部，著有《佛国记》。公元420年，终老于湖北江陵，时年86岁。

往事越千年。唐玄奘（公元602—664年），历经艰辛，赴印度取经，在印游学十四年，其中在那烂陀寺学习并讲学八年。那烂陀寺是那烂陀大学的前身，由鸠摩罗·笈多王建于公元427年，经笈多王朝六代君王不断扩建，终于建成一所如城市般规模的庙群和大学。那烂陀大学是当时世界规模最大的佛教中心，也是史上第一所寄宿制大学。玄奘公元631年到达时，正是该校极盛时期。有包括周边国家留学生在内的学员1万多人，教师2000多，8个学院，100多个讲堂。除教授佛教经典外，还讲授世俗学问，如语言学、逻辑学、天文学、医学、工学等。当时还有3座大型图书馆，馆藏图书900余万卷。每天该大学有100多个讲座同时开讲，学术氛围十分浓厚。

玄奘才华横溢，被体弱多病已逾百岁高龄的"校长"戒贤法师收为亲传弟子。他经过五年苦读，成为那烂陀师生中精通50部经论、通晓三藏的大德高僧。在游学印度各地达1万多公里后再次返校时，已成为誉满印度的名僧，被大乘派尊为"大乘天"，被小乘派尊为"得胜天"。为争取玄奘优先讲学与辩经，印度实力最强大的两个国王几乎兵戎相见。公元643年，去国怀乡十五载的玄奘沿着丝绸之路踏上归途。带着需要22批马才能拉得动的657部佛经，再次历经艰险，返回唐朝。玄奘著有《大唐西域记》。后来因为外族入侵，印度佛教的历史中断，幸有《大唐西域记》记录了那段历史，成为中外极为重视的佛教与历史的经典著述，也是寻觅史迹的重要依据。

《大唐西域记》对丝路上的碎叶城，也有记录："从大清池西北行五百余里至素叶水城（即碎叶城）。城周六七里，诸国商胡杂居也。"

在玄奘的影响下，之后中外佛教僧众曾沿着陆、海丝绸之路，互相往来，交流不断。

通过丝绸之路，我国与欧洲也有久远的经贸合作与文化交往。

公元73年，东汉派班超出任西域都护，班超任职三十年，加强了西域与内地的联系。其间，班超曾派甘英出使大秦，即当时的罗马。到过地中海和波斯湾，"临西海而还"，首次将丝路延伸到北非和欧洲。据《后汉书》记载，公元166年，大秦（罗马）使臣来到洛阳，这是欧洲国家历史上首次同中国直接交往。

《马可·波罗游记》记载了我国元朝初期官廷秘闻、都市建设、风土人情、社会状况。马可·波罗是向西方介绍中国的第一人。

1582年，意大利传教士利玛窦来华传播天主教。初期在广东肇庆，后到北京，曾在宫廷任职，在华生活工作达二十八年。利玛窦先生在华传教期间，既把西方科学知识，如几何学、天文学、地图测量、武器制造等传入中国，也把中国文化介绍到欧洲，成为"西学东渐"的推动者之一，是中西文化的沟通者、传播者。利玛窦用中文写了《交友论》等著作。

与利玛窦同期或稍后来华的欧洲传教士，还有清初的德国人汤若望、比利时人南怀仁等。三位传教士的墓现安卧在北京市车公庄，保护良好。

印度达摩西来，唐僧鉴真东渡，意大利郎世宁成为清廷画家……，星光始终闪耀在中外文化交流的天空。

国之交，在于民相亲。民心相通是"一带一路"建设的重要内容，也是"一带一路"历史与未来建设的人文基础。

2001年11月23日，在时任吉尔吉斯斯坦总统阿斯卡尔·阿卡耶夫的关心下，于吉尔吉斯斯坦首都比什凯克人文大学隆重举行了纪念中国唐代伟大诗人李白诞辰一千三百周年的大会。阿卡耶夫总统及吉国国务院秘书、国家科学院院长、各大学校长、学者、作家、诗人等近千人出席大会。中国驻吉大使宏九印出席大会并致辞。会上阿卡耶夫总统发表了热情洋溢的讲话。他说："中国唐代伟大诗人李白出生于吉尔吉斯斯坦楚河流域的碎叶城附近，与自己是同乡，这也是吉尔吉斯斯坦的荣誉"。他预言21世纪的中国将重现盛唐风采，并为吉尔吉斯斯坦能有伟大中国这样的友好邻居而感到自豪。

他还说："在吉尔吉斯斯坦纪念中国伟大诗人诞辰一千三百周年，将成为吉中友好史册上的重要事件。古老的丝绸之路将吉中两国和两国人民紧紧联系在一起，唐代大诗人李白出生在碎叶城，这给两国传统联系和友谊赋予了新的内涵。碎叶城就在今天的吉尔吉斯斯坦,李白就在我们中间。"

是的,李白们仍行走在丝绸路上,他们就在我们中间。

丝路,商路,交流互鉴之路。一群人,坚韧、执着地走着原本没有的路,一直走了二千多年。流汗,洒血,甚至遗骨戈壁、抛尸荒野。走得"海日生残夜",走得"江春入旧年"。人们那份不离不弃、矢志不移孕含的基因,定会支撑着他们,一直走到"环球同此凉热"的大同世界。

(2017年7月15日修订)

# 王安石变法

公元960年，宋太祖赵匡胤取代后周，建立了宋朝，结束了唐末至五代十国长期的分裂割据，中原与南方重归统一。宋朝建都汴京，即今开封，史称北宋（公元960—1127年）。

宋代是我国封建政治、经济、文化发展的重要阶段，是继汉唐之后的又一个发展高峰期。史界认为，如果说战国时期因封建地主制的确立，中国商业发展出现第一次飞跃，那么宋朝因经济制度的进步使中国商业史上出现了第二次飞跃。史学家费正清先生等甚至称其为中国经济史上的"商业革命"。

宋代商业的显著特点是城市商业的发展与空前的繁荣。京都汴京，呈现"八荒紧凑，万国咸通，集四海之珍奇皆归市易，会万区之异味悉在庖厨"。张择端所绘享誉中外的《清明上河图》中，描绘了在京师城郊结合部770名人物从事工商业活动的盛况。航船走夜市与日间无异，"酒楼歌馆，直至四鼓方静，而五鼓朝马将动，其有趁卖早市者，复已开张，无论四时皆然"。宋朝在综合国力和国际贸易中处在当时世界的第一方阵，表现出四海倾心、万邦来朝的繁盛景象。

与宋代商业的发达相适应，巴蜀益州即现在四川成都因商业信用的发展，出现了"交子"命名的纸币，又名楮（chǔ）币。先由民间创制，后于仁宗天圣二年起，进入官办交子阶段。交子的重要意义在于，它不仅是中国历史上的首创，而且也是世界上最早的纸币。

繁荣是短暂的。为解决北宋王朝后期存在的财政危机，北宋后期出现了王安石变法。

王安石（公元1021—1086年），北宋著名的政治家、思想家、文学家。宋神宗熙宁年间（公元1069—1077年）两次为相，进行变法，曾被列宁称为"中国11世纪的改革家"。

王安石重视言利，重视理财。他说："一部周礼，理财居其半"。肯定了理财在一国政治中的首要地位，把理财看成合乎"义"的行动。王安石的变法即以理财为先。他理财变法的思想核心是抑制兼并，他推行的许多政策和措施如"青苗法""免役法"等，都是在这一思想指导下进行的。王安石的这一思想远则渊源于法家，近则受汉唐理财家桑弘羊、刘晏的影响很深。他自己说过："摧制兼并，均济贫乏，后世惟桑弘羊刘晏粗合此意。"打击豪强，排摈巨室，限制私人商人资本，从桑弘羊、刘晏到王安石，是一脉相传，也是他们共同的政治口号和经济措施，是他们共同具有的历史进步性。王安石在实践中仿行前二人的主张，自己又有新的发展。

王安石不赞成经济放任。他认为经济放任无论在大官僚、大地主、大商人还是在无名分、无官势的商人中，都会产生操纵、垄断、兼并。他主张必须由国家进行干预才能抑制兼并，这是国家应履行的职能。在王安石的思想中，官府直接干预经济是必要的，也是应该主导的。但是，另一方面他主张在国家控制下实行经济开放政策，促进正常的商业发展，扶植正当的私营商业。

王安石的政策思想与桑弘羊、刘晏互有异同：桑弘羊的抑商是重官商、抑私商，财政收益来源于盐铁专卖与均输；刘晏的政策是限制富商大贾中的奸商，对一般的中小商人的力量是注意加以利用的，财政业绩主要来源于盐业专卖与常平收入；王安石集成了刘晏的观点，发展官商，利用私商，对大、中、小商人区别对待，其财政收入主要得之于青苗钱贷放及代役金收入。他反对过度专卖，通过《市易法》《青苗法》，将金融信贷引进到城市商业和农业，支持生产与流通。但是，三人均有一共同点，即多依赖于官营经济收入，少依赖于赋税收入，而且都不以膨胀通货为弥补财政赤字的手段。

王安石变法曾经与苏轼有过一段争论，是治国理政的不同主张。

苏轼（公元1036—1101年），字子瞻，号东坡居士，四川眉山人，我国宋代著名的大文学家、思想家和诗人，唐宋八大家之一。北宋仁宗嘉祐二年（公元1057年）进士。神宗时，因反对王安石变法而被贬官，最远处曾到达今海南省儋州。

苏轼反对盐、铁、茶、酒实行专卖的官营，认为"与商贾争利"，是"衰世苟且之法"。他重视不受国家管理的私营商业，认为无论大、中、小商人都各有利弊，应互相配合，取长补短。他一反历史上提出的"驱民归农"，而主张"驱民归商"。他很不赞成对商人"赋取无度，货币无法"，反对"与商贾争利"，提出国家要讲

"义",管理经济的行为要合理。

苏轼、苏辙兄弟既反对王安石的新法,又反对司马光们顽固守旧、一成不变、倒行逆施的极度保守作法。苏轼兄弟后期对王安石变法有了新的认识,又与司马光在废免役法的问题上进行过激烈的争辩。苏轼文学、诗歌成就卓著,享誉中外。但是,仕途艰难,宦海沉浮。"心如已灰之木,身似不系之舟。欲问平生事业,黄州惠州儋州。"最后遇赦,结束发配生涯,终老常州,度过了他坦荡悲剧的一生。

王安石变法,实质上是北宋朝廷调节内部日益尖锐矛盾的政治改良运动。这场打击豪商富户之举,触犯了官僚权贵与富商大贾集团的根本利益,最后以失败告终。

"滚滚长江东逝水,浪花淘尽英雄"。王安石变法以及同时代的先贤为国为民的不懈追求,在浩瀚的中国历史上,留给了后人永远而深刻的记忆。

(2017年7月15日修订)

## 经济改革家——张居正

公元1368年,明太祖朱元璋灭掉元朝后在南京称帝,建立明王朝(公元1368—1644年)。这是一个统一的大王朝,东西5875公里,南北5470公里,东起朝鲜,西含吐蕃,南达安南,北至沙漠;这是一个对外开放的王朝,郑和从1405年首次下西洋之后,先后七下西洋,开辟"海上丝绸之路",比1492年哥伦布发现新大陆早八十七年;这是一个皇帝笃信道教而不为,昏庸腐败,宦官专权,东厂特务横行,滥杀滥捕无辜、民不聊生的王朝;这是一个由盛而衰,有识之士奋起改革,力保"大厦于将倾"的时代。其中杰出的代表就是历史上著名的政治家、经济改革家、明王朝后期万历年间内阁首辅张居正。

张居正(公元1525—1582年),字叔大,号太岳,幼名张白圭,湖北江陵人。其父张文明,育有四个儿子,张居正为长子。张家"起寒士,非阀阅衣冠之家""家有薄田数亩,足为俯仰之资",属于小地主兼中小商人家庭。张居正自幼聪明过人,12岁赴荆州府应考,名列第一。郡守李士翱甚是喜爱,将原来白圭之名改为居正。张13岁参加省试,已考中举人,湖广巡抚顾璘为防止其骄傲自满,致力于长远培养而未录取。张16岁再次参加应考，中了举人。时任首辅的徐阶，器重张居正之才，提携重用，是其恩师。张于穆宗时期完成重修永乐大典，升为礼部尚书兼武英殿大学士。曾受托为年仅十岁的明神宗的顾命大臣之一，是幼主老师，精心教育辅佐达十年之久。期间，作为朝中首辅和皇帝的老师，主持朝政，整肃吏治，努力实现安民、富国、强兵三大目标。张居正辅政时期，功盖当世，位极人臣，世事升平，颂声四起。

张居正受命于危难之时，国贫民困，为改变现状，他力推改革，尤其是经济改革成就卓著。张任首辅之初，国库空虚，连年赤字，他推行"考成法"，严格考核官吏，严格征管赋税和历史欠账；他组织在全国清理丈量土地，致力于解决瞒地漏税的老大难问题；他大力整顿财政，量入为出，节约开支，甚至拒绝慈庆、慈宁两宫太后重修后宫，劝阻幼主皇帝欲买珠宝的奢侈要求；他举贤任能治理黄淮、疏浚河道、畅通漕运、严管驿站费用；他力主边贸通货互市，保持了北部边疆地区的安定。

张居正任内最重大的成就，是对田赋和徭役制度进行重要改革——推行"一条鞭法"，这是对当代和后世产生深远影响的改革。

种田纳税和以人口、资产状况服劳役是历史世代相传的成例。但是，也是管理混乱、人民深受剥削不堪其苦的"人祸"之源，乱世和灾年更甚。明朝中叶以来，役法的混乱弊端更加严重。

"一条鞭法"始于湖北、广东地方，万历年间经张居正推行至全国。"一条鞭法"第一次将徭役与田税统一，并入田亩之内征收，一律收取银两。由过去每十年亲自服徭役改为征收役银，只按田亩人丁计税，以银代粮征收方便，以县为单位收银比原来以里、甲均摊减轻了负担。"考成法"与"清丈法"使田亩数清楚，人丁、户口数得到核实，新欠与积欠均已清缴，给万历九年张居正推行"一条鞭法"提供了坚实的经济基础，使他稳健地完成了对整个赋役制度的改革。

"一条鞭法"与历史上王安石的募役法相比，有了历史性的进步和创新。一是由过去的"人头税"改为征收"财产税"，对无田或少田的贫雇农减轻了负担；二是由实物税改为货币税，简化了程序，操作更容易。"一条鞭法"的实施，成为一种利民新政。"市人田夫，歌颂欣庆"。在国贫民困的情况下，张居正厉行新政，坚毅地推行经济改革，取得很大的成效。文士入阁，十年首辅，朝令夕行，海内殷富，由张居正辅佐的万历初政的十年，堪称明代历史上政治比较清明的一段时期，是难得的升平岁月。

张居正力推的一系列经济改革，伤害了以万历皇帝为代表的皇权与大地主、大官僚、大商人的根本利益。他生前殊荣，受到朝野尊重和前所未有的加封，集各种荣耀于一身。死后仅约二十三个月，受到抄家，官阶、封号被追夺，牵连家族，家破人亡，遭致身后奇祸，成为我国封建历史上的又一巨大悲剧。

张居正和我国历史上著名的经济改革家管仲、商鞅、桑弘羊、刘晏、王安石一样，顺应历史潮流，为缓和当时日益尖锐的社会矛盾，进行了力挽狂澜的经济改革，而且张居正推行的"一条鞭法"等改革，第一次执行了资商利农，不重管榷，比王安石更加反对官、商分利的垄断性商品专卖政策，实施赋役货币化的更加彻底的改革，和历史相比又有不少突破和创新。同时，"一条鞭法"等经济改革，使一批社会成员脱离了千百年来土地的束缚，开始从事工商业。运行了约二千年的封建王朝已经尽现"疲态"。工商业的成长，促进了相对进步的资本主义制度开始萌芽，"一条鞭法"具有了顺应历史发展趋势的进步意义。

这是张居正们未曾意识到的历史进步。

后来，当历史步入所谓"康乾盛世"之时，世界已进入"工业革命"时期。满清王朝的"盛世"成为我国封建王朝最后的"挽歌"，也是注定逐步走向衰亡的"回光返照"。

（2017年7月15日修订）

# 人类海洋航行史上的伟大创举
## ——郑和下西洋

公元1402年,明成祖朱棣在南京即位,改元永乐。公元1421年迁都北京,在中国历史上首次建立内阁制。朱棣任内曾于公元1403—1407年的五年间,组织9169人的队伍,编撰世界上第一部大型百科全书——《永乐大典》,全书共22937卷。朱棣在位期间的另一盛事,就是派遣三保太监郑和下西洋,破除海禁,对外开放,开启了人类海洋航行史上的伟大创举。

郑和(公元1371年或1375年—1433年或1435年),本姓马,小名三保,生于云南一个回族家庭。后进宫当太监。朱棣发动靖难夺权时,能文能武的郑和立有战功。朱棣即位后,对郑很信任,赐姓郑,名和,也称三保(三宝)太监。15世纪初的明朝,在世界上堪称一流强国。郑和下西洋的首要任务是宣扬国威、广结外交、开展贸易,有史家称郑和还承担查找被推翻的前朝皇帝建文帝下落的任务。

郑和一生七下西洋,在明成祖朱棣任内六次,在明宣宗任内一次。郑和首次下西洋是1405年,早于哥伦布1492年发现新大陆八十七年。郑和航程之远,次数之多,规模之巨,船舶之大,使哥伦布地理大发现难望其项背。有史家称，郑和下西洋成就空前，"造成中国海权的盛世"。梁启超称郑和为"全世界航海伟人"。

郑和出使声势浩大。他率领的是当时世界上最庞大的远洋船队，配备当时世界上最先进的航海设备。

第一次出使率船62艘，随行各类指挥、技术、军事、后勤人员27800余名。船一艘有9桅12帆，最大的船长44丈、宽18丈（明一尺合0.342米）。跟随护佑宝船前后的有马快船、粮船、战座船、战船。满载瓷器、铜器、漆器、金银、印花布、贵重的丝织品等。从苏州刘家港出发，向大海进发。途经南洋各国，直达印度西岸科泽科德（古里），然后返航。各国使节随船同行来朝。

第二次出使，船队有船249艘。前三次曾远至古里。郑和的各次出航都载使节来访中国，明朝廷都会给以丰厚赏赐。郑和及其分船队先后总共到过30余个国家。七次远航，最南到爪哇，而且每次必到。最西到过非洲东海岸。最北到波斯湾港口忽普莫斯（第四、第五、第六次，今霍尔木兹海峡格什姆岛）。第四次曾到红海的亚丁以至麦加。每到一处，都以所带货物赠予当地领主和君王，并通过贸易换取当地特产，和各国修好通商。

马六甲是郑和下西洋的交通枢纽和中转地。他在此盖仓设库，存货储粮，休整补给，出航返航。郑和出使不依仗大国军威，尊重当地风俗习惯，在和平友好基础上互通有无，开展贸易。他讲究诚信，曾在科泽科德（古里）击掌成交贸易；他曾在锡兰寺庙施舍，以汉文、波斯文、泰米尔文建碑留念；他曾打击海盗、肃清海域、排解纠纷、扶弱除奸，使"海外诸邦，益服中国威德"。发展外交，来使不绝。永乐二十一年，郑和第六次出使回国，各国派遣1200多位使节同船来到北京朝贡。勃泥、满剌加、古麻剌朗等国的国王曾率团来访。苏禄王来访后"归舟次德州，遭疾"，客死中国，至今在德州建有苏禄王之墓。在东南亚各国长期流传着郑和航海的动人故事，迄今仍保存着许多以郑和命名的遗迹，如三宝洞、三宝井、三宝庙、三宝寺塔等。

郑和下西洋把明王朝由朝廷控制下的海外贸易推上顶峰。据随行的马欢所著《瀛涯胜览》和其他资料的记载，当时海外各国输入商品可归为五类：一是香料和祭神用品，二是动物及皮毛角羽，三是贵重木材，四是矿产宝石，五是西洋布等各类纺织品。共计约五六十种珍稀物品供朝廷使用。胡椒、苏木、药材、纺织品也满足百姓之需。郑和下西洋虽是官府经营的海外贸易，但也准许随行人员携带一定限额的商品，这是朝廷特许的私人贸易。频繁地下西洋和海外贸易促进了我国东南沿海瓷器和丝织业等手工业的发展，继承并延续推动了以闽粤为主的人员交流和向东南亚的移民，使他们成为中国与海上相关国家发展"海上丝绸之路"的桥梁纽带和先驱。

郑和第七次出使是在朱棣已死的宣德年间，于宣德五年（公元1430年）的闰十二月出航。郑和因长期出使，积劳成疾，于宣德八年，卒于返航途中的古里国，归葬南京牛首山。

海禁政策始于明初，起因于当时侵扰中国的"倭寇"海患。明成祖朱棣和七下西洋的郑和死后，在仁宗、宣宗时期，杨士奇、杨荣、杨溥"三杨"主持内阁，政治经济趋于保守，怂恿宣宗放弃海外贸易，重新坚持明洪武以来的海禁政策。开启了明宣宗之后中国明清王朝历史大倒退的先河。

郑和下西洋，是我国对外开放史上和世界航海史上载入史册的创世之举，也是一次超出国力、难以为继的旷世之举，充满争论。这次重政治、扬国威而轻贸易、弱经济的七次海外航行确有经验教训，值得认真总结和汲取。但是，之后的明清统治者一以贯之施行的闭关锁国、夜郎自大的政策，使中国与全球工业革命以后人类发展的第一方阵已经渐行渐远。

超稳定的封建王朝，开始了走向衰亡的进程。

（2017年7月15日修订）

# 中华商帮、商号、商会的创立

"康乾盛世",又称"康雍乾盛世",是中国封建王朝最后一个盛世。"清承明制",基本制度效法明朝,在清王朝前期,创造了我国封建王朝历史上又一个鼎盛时期,形成了空前"大一统"的多民族国家,史称"汉、唐以来未之有也"。康乾时期,清朝疆域达1300万余平方公里,乾隆五十五年人口突破了3亿。美国耶鲁大学历史学教授保罗·肯尼迪在《大国的兴衰》一书中指出,当时中国的工业产出,占世界的百分之三十二。

中华商帮、商号、商会先后出现和创立。

明、清时期,我国商品流通路线延长,经营商品范围扩大,经商人数明显增多,商人组织起来维护权益的意愿增强,在这样的历史背景下,逐步形成了以地域文化支撑下的"商帮"。其中,最突出的代表是自明至清称雄商界的"晋商"和"徽商"。

清朝道光、咸丰年间,因经营茶叶致富的晋商纷纷投资建立票号,"汇通天下",形成了晋商在全国金融界的领袖地位。山西票号的创建与蓬勃发展,极大地促进了当时工商业的繁荣和社会商品经济的发展，晋商由此进入了发展的鼎盛时期。晋商杰出代表是大约创建于1884年的乔氏大德通票号，前身是同兴裕茶庄，东家是山西祁县富商乔氏第三代传人乔致庸。乔致庸管理严格，知人善任。票号实行股份制，即有以资本投入的"银股"，又有以能力投入的"身股"，后期人力股已超过以资本投入的银股。乔致庸曾竭尽全力接待过因八国联军入侵而被迫西逃的慈禧太后和光绪皇帝，以及其他中央和地方官员，因而"官汇""民汇"资源丰厚。在山西票号因各种原因盛极而衰之后，唯有大德通票号坚持经营到新中国成立，并入人民银行山西分行，融入到新中国的金融事业中。

徽商形成于明朝成化、弘治（公元1465—1505年）年间，长期活跃在长江中下游、京杭大运河及岭南地区，"山陬海崖，无所不至。"经商品种繁多，盐、茶、米、棉、丝、木等各行业俱全。徽商自明中叶到清乾嘉时期的近三百年中，曾称雄于商界的东南半壁河山。徽商的典型人物是"红顶商人"胡光墉。胡光墉（公元1823—1885年），字雪岩，原籍安徽绩溪，长期经商，居住在今杭州市。胡光墉出生贫寒，初时钱庄为学徒，1860年38岁时自己开业阜康号，成为老板。他先后受识于浙江巡抚王有龄、清末重臣左宗棠，尽力支持左宗棠操办洋务，兴办福州船政局，采买设备、粮食、军火、生丝等业务，从事官方与民间借贷、典当、征税等业务。他自有金融业务钱庄几十家，遍及苏、浙、闽、两湖及京津各地。经营胡庆余堂药店及药材生意，讲求诚信，倡行善举，扶弱济贫，口碑极佳。胡光墉从家徒四壁奋斗至富甲杭城、沪上的"巨家"，最阔时传说"积资三千万有余"，相当于1880年前后全国财政收入的一半。后在与外资经营生丝大战的竞争中，出现毁灭性巨亏，胡氏"经济大厦"轰然倒塌，甚至无钱下葬，以悲剧结束了他的一生。

除晋商、徽商以外，相继活跃在中国商界的还有浙商、粤商、闽商、鲁商、陕商、豫商、京商等。以地区成名的商帮有宁波商帮、潮汕商帮、洞庭商帮及大理商帮等。这些区域性的商帮，共同形成中华民族工商业的架构，成为中华商帮中的中坚力量。

清代商业发达，一直延续到民国时期。那些历史悠久、商誉卓著的商业老字号和名店，形成了我国以企业字号成名的中国第一批"中华名牌"，是我国历史传承下来的宝贵商业遗产。

这一批老字号具有共同的特点：艰苦兴业，忠厚持家。讲求诚信，注重质量。比如中医药领域，北京有"品味虽贵必不敢减物力，炮制虽繁必不敢省人工"的同仁堂以及鹤年堂、千芝堂、庆仁堂，杭州胡庆余堂，苏州雷允上，长沙九芝堂，汉口叶开泰，广州陈李济，成都德仁堂等；餐饮食品行业有"闻香下马，知味停车"的便宜坊、全聚德、丰泽园、六必居酱菜、王致和臭豆腐等；服装面料有瑞蚨祥、谦祥益等；刀具有王麻子刀剪，北京最早的大型综合性零售市场有东安市场，等等。长期以来，北京地区流传着这样的口碑："炒菜丰泽园，穿衣瑞蚨祥，酱菜六必居，抓药同仁堂。"

全国各地都出现了一批远近闻名的老字号。

随着商帮的形成，商业老字号的出现，我国商业社团组织有了迅速的发展。

清末，商会创建。创建商会之前，先后走过了商帮——会馆——公所——公会——商会的历程。商会是工商业者为维护自身利益而组建的社会商业团体。商会的成立，反映了商人组织由单个走向联合，由分散走向统一，是商业行业发展史上历史性的进步。

据《中国商业通史》资料，最早介绍西方商会，并呼吁中国政府和商人设立商会的人是郑观应。郑观应（1841—1920年），广东香山县（今中山市）人。通晓外语，做过洋行买办、资本家，中国近代最著名的早期资产阶级改良派代表人物。主张"商战"以抗衡外国资本主义经济侵略。著有《盛世危言》，流行中外，影响较大。他在了解西方商会结构功能的基础上，建议各地设商务局，实质上是商会。同时期的陈炽，江西瑞金人，曾计划仿亚当·斯密写《国富论》那样的著作。陈炽1896年在《续富国策》中提出成立商部，设立商会。同年，江苏南通人、著名民族工业者张謇撰写《商会议》一文，主张各省设商务总会，各府设分会。戊戌变法期间，康有为曾多次呈递兴商学、办商报、设商会的条陈。这些都为创办商会创造了必要的舆论准备。

清末，商会创建。1898年，力行新政的光绪皇帝谕令各省陆续设立商务局。

1902年春，清大臣盛宣怀饬令上海商界商议建立地方总商会。时任中国通商银行总董严信厚为总理，设副总理两人，董事70余人为会员，议定六条章程，1902年2月22日，成立"上海商业会议公所"。

清朝廷于1903年9月成立商部。1904年初，颁行《商会简明章程》，谕令各省迅即成立商会，商务稍次之地设立分会。

1904年初，上海商业总会成立，严信厚为申商商业总会首任总理，徐润为协理，周金箴为坐办。之后，天津、重庆、成都、苏州、武汉商业总会相继成立。截至1912年，全国已设商务总会、行会998所。同年，各地商务代表发起组织中华全国商会联合会。1915年新的《商会法》规定所有商务总会、分会一律改称总商会、商会。

中华全国商会联合会在满清王朝结束之时始终处于筹备阶段，没有正式成立。但是以上海商务总会为代表的地方商务总会和商会在参与国家立法、维权和促进华商团结及联合方面，都做了一定有成效的工作。

组织起来的中国商人，开始成为中国社会的一个重要组成部分。

（2017年7月15日修订）

# 03

## 探索篇

贫穷不是社会主义。告别了计划经济，中国人正在社会主义市场经济的大路上迅跑。

人们常说，只要有一缕阳光，我们就会灿烂。

在改革开放的大潮中，现代中国商人，也属于那一群走在前列、干在实处、永立潮头、绝不言败的探索者。

改革始终在路上，创新也未有穷期。

后之视今，也如今之视昔。未来，当我们已经老去的时候，我们这一代人也会为自己曾经的"五加二、白加黑"的奋斗而自豪。

历史不会忘记，这一代代商业人。

# 青山遮不住
## ——访"中国市场第一县"泰顺

明景泰三年（公元1452年），泰顺设县。史传，明代皇帝朱祁钰为母亲庆寿，钦定新设县名泰顺，取"国泰民安、人心归顺"之意。

斗转星移，五百多年过去，"九山半水半分田"的泰顺人，依然过着几近与世隔绝的农耕生活。青山依旧在，几度夕阳红。年复一年，在新中国向贫困开战的年月，毫无悬念地"享受"到国家级贫困县的待遇。

历史经常在不经意间捉弄人。浩荡的"皇恩"没有改变泰顺人的生活，是三十多年前的那场春风吹拂，彻底改变了泰顺人的命运。不少人说，近年来当泰商返乡过春节的时候，泰顺城乡车水马龙，交通拥堵，宾客盈门，酒店爆满，乃至出现短时间的物价上涨。国家级贫困县的街上竟然成了轿车的河流，到处是欢声笑语的人潮……

### 困　境

泰顺曾经是一个青山秀水招人爱、山多涧密使人愁的地方。

泰顺生态环境优美，自然资源丰富。森林覆盖率近77%，绿色生态状况荣获多个国家级头衔。乌岩岭有像熊猫一样稀有的国家一级珍禽黄腹角雉，雅阳镇有氡泉大峡谷。晨昏云蒸霞蔚，四季山色空濛，这里云山雾障出好茶，只是"藏在深闺人未识"。泰顺是天然的生物种源基因库，也是天生的绿色生态博物馆，这个温州的后花园分明是世界级的秀水青山。

泰顺传统文化浓郁，革命历史悠久。

县政协胡昌迎副主席告诉我，泰顺历史上曾经是中原、长江流域躲避战乱大迁徙之地，他小时候居住过的胡氏大院如今已是国家重点文物保护单位——胡氏古民居。历史上泰顺曾出过徐奭、蔡起辛两位文、武状元；泰顺是廊桥之乡，国家认定要保护的32座廊桥在泰顺就有15座；以泰顺石与竹为原料的叶腊石雕和竹刻造就了一批艺术大师；每逢正月十五和三月三的"百家宴"已经成了"千家宴"，高峰时约六千桌，县内外宾客相聚，使人想起"桑柘影斜春社散，家家扶得醉人归"的农家乐景象。

泰顺还是革命老根据地。1935年4月，刘英、粟裕率领的红军挺进九峰白柯湾，成立中共闽浙边临时省委，迄今已逾八十年。

泰顺有千米以上的高山179座，大小溪流百余条。然而，山大沟深，交通不便，竟成为泰顺福祸相依的屏障：当年，日本侵略者打到二省三县的交汇处分水关，因重山阻隔而望山兴叹，使泰顺免于战祸；"山高皇帝远"，却又使当年中共闽浙边红色政权得以生存，直到星火燎原。

泰顺人曾经为交通而战。自明清时就在溪涧上架起数十座风雨无阻的廊桥。在水中,以石为材筑起大量"碇步桥",又称"琴桥"。周万巩老人还讲起一个故事:"民国十七年南阳村林先生曾去北方买来两只骆驼,计划用它搞运输,没想到才赶到上海附近就死了,他还赔钱雇人把骆驼尸体埋掉。"水土不服,"沙漠之舟"挑不起大山深处跑运输的重担。

泰顺人也曾经为贫穷而战。但是,"九山半水半分田"的环境使经济发展举步维艰。我问过曾任泰顺县财政局局长的蔡贻望:"你这个穷县的财政局长到基层去一定被当成'财神爷'对待!"这句话勾起了他有点心酸的往事。他沉吟一会,略带调侃地说:

"我当年到温州市财政局去要钱,一开始就说:我来自'丐帮','帮头'要我来……。"他又说:"我的前任到省财政厅去要钱,要不到钱县领导让他别回来,他在杭州一呆就是二十八天。"

改革开放之初的1978年,泰顺县地区生产总值,只有4200多万元,财政总收入277万元,财政总支出648万元,相当于现在一个中小企业的账单。

这就是三十多年前的泰顺县域经济。泰顺人,路在何方?

## 走出大山

看来,得换一种"活法",要让"生产力要素"在更广阔的天地优化重组。

泰顺县先进生产力的代表是1988年建立的"浙南瓷厂",厂名由著名书法家沙孟海先生书写。这个有职工800多人、年产值约900万元的细瓷厂,生产的杯、碟、盘、碗在最风光的时候曾销往美国、欧洲等地。可以想见,当年,在泰顺若能成为该厂的一名职工,定是让人羡慕不已的美差。

好景不长。得风气之先的深圳、佛山人引进国外先进技术设备,与广东人风光无限的产品相比,泰顺的细瓷自惭形秽。从浙南瓷厂走出去推销"泰顺瓷"的推销员遭遇到"滑铁卢"。从此,瓷厂生产萎缩、职工减员,直到世纪之交的2000年,终于停产。

向贫穷开战,向封闭开战,泰顺人开始走出大山。

经营的商品在增加。泰顺人一开始卖的是自产陶瓷产品,后来卖深圳、佛山产品,再后来就索性"买全国、卖全国"的陶瓷和建材产品……

营商的地域在延伸。南通码头一度听到的是泰顺话而非南通话,熙熙攘攘的码头上聚集着一批泰顺人,装卸、运销、洽谈。"晚上睡地板,白天当老板。"后来,又从南通到常州、苏州、上海……

商业模式在升级。从采购、推销开始,到异地运销、代销、办综合市场、专业市场……

经商队伍在壮大。跨过西旸镇金山桥,走出分水关。张风叶、张大平、许斌第一批走出去了,瓷厂的员工走出去了,曾经的委、局、办、乡镇乃至县领导也"下海",走出去了……。走出大山,走向一个未知的世界。

当人们仍然在争论姓"社"姓"资"的时候，低调的泰顺人已经"淘"到了"走出大山"的第一桶金；当共和国宣布实行社会主义市场经济体制的时候，泰顺人是走在第一梯队的那一群人。

2013年，在浙江省、温州市以及中国商业联合会的支持下，在杭州市召开了泰顺县在全国建千家市场、实现一万亿销售额的启动仪式，向"千市万亿"的目标进军。这既是启动仪式也是走向未来的誓师大会。

如今的泰顺，先后有21家在全国兴办泰商市场获评全国百强优秀示范市场，亿联、五洲国际、新明、港龙、美吉特等被评为2015年中国民营企业500强，五洲国际、新明先后在香港上市。东至上海、天津，西至喀什，南至楚雄，泰商在全国28个省区市兴办了近千家约万亿销售额的市场。

现在，泰顺县委书记、县长若要巡视泰商市场，无论"东临碣石"，还是"西出阳关"，无论在"丝绸之路"上，还是在"茶马古道"旁，都能感受到一个泰商用汗水浇灌的"泰商园"和充满乡情乡音的"泰商市"。真是，要论投资兴办市场，普天之下，莫非泰顺。

2014年，36万人的泰顺县在全县实现地区生产总值64亿元。然而，大山之外正在努力向"千市万亿"进军的14万泰商实现了多少国民生产总值，谁也说不清。只有春节泰商返乡时，满街的豪车可以给你一个确实清晰但又无法准确计数的答案。

泰顺，已成为名副其实的"中国市场第一县"。

## 考 验

中秋前夕重访泰顺，下起雨来。满目青山，依然雨雾朦胧，青翠欲滴。气温略降，新添几分清凉。

在董旭斌县长召开的泰商座谈会上，听到比较多的话是"抱团取暖"。

经济转型与电子商务也给泰商带来挑战：市场竞争激烈；发展空间变窄；招商"有场无市"；"鸡头"企业多，"龙头"企业少，市场建设缺乏强势品牌……

一度高歌猛进的泰商，会否陷入"中等收入陷阱"？考验来了。

还是那句话，成长中的困难在成长中化解，发展中的问题靠发展去解决。泰商在向几个方向"突围"。

应对现代经济挑战，首要是提高人的素质。严立淼代表的泰商们及其后代早已开启了文化深造的课程，他本人已是浙大、北大经济管理学硕士、博士；舒策城、陈承守、张大平等正在作为"头雁"营造自己功能齐备的"雁阵"集团；"鸡头"成为"龙身凤尾"的重新洗牌，使"品牌""规模效应""现代企业制度"在县委、县政府及泰商圈中积极酝酿；互联网代表的现代信息技术正在与泰商主动联姻；"前市后厂"的"无缝连接"购销体制逐渐形成；文化产业、旅游开发正吸引泰商跨界绽放……

"一带一路"在召唤，泰顺人已经在酝酿"走出去"的时代课题。

重访泰顺,适逢浙江省总工会送文化下乡,慰问演出结束时,满台唱起了由县委书记张洪国自己创作的歌曲:《泰商传奇》、《祝福泰顺》。

"走出大山闯天下,返回家乡建故园。"如今的泰顺已被浙江省规划为绝佳的旅游胜地。稀世的廊桥琴桥、像熊猫一样珍稀的黄腹角雉、雅阳镇的氡泉大峡谷,近百分之八十的森林覆盖率,甚至那穿林渡水而来的琅琅书声,都成了泰顺绝无仅有的旅游资源。为建设家乡,泰商出资成立基金会,严立淼们又出巨资在雅阳氡泉大峡谷发展旅游业。而这一次,他们是带着知识,带着情怀,带着走过的千山万水的新发展理念,建设着泰顺的未来。

"九山半水半分田",没能阻隔泰商走出大山闯世界的步伐。可以想见,"藏在深闺人未识"的绿水青山和绿色经济,为时不远,人们将会向她扑面而来……

啊!泰顺,真的是"青山遮不住"了。

(作于 2015 年 10 月)

# 本顿维尔的深思

2001年4月,世纪之初。我带领一个小组到美国阿肯色州西北部的本顿维尔镇,考察创造了世界零售奇迹的沃尔玛公司。

机场距小镇不远,落日余晖下的本顿维尔,正是"碧玉妆成一树高,万条垂下绿丝绦"的时节,到处春意盎然。无垠的原野上,散落着片片深黛色的绿树及平房。天上地下,星光与灯火璀灿,却不见繁华喧闹,显得十分恬静。

主人向我们介绍时说,近期到访小镇最多的,除了各地的供应商以外,就是脚步匆匆的中国人。

**一、十多平方米的办公室**

本顿维尔镇上的富兰克林商店如今已成为沃尔玛的博物馆,这是创始人萨姆·沃尔顿在彭尼公司初次接触零售并于纽波特镇小试锋芒受挫之后,自己首次创办的商店。次日清晨,我们穿过沃尔玛博物馆,来到了萨姆的办公室。这大概就是那间用旧仓库的一部分改装成的办公室，十几平方米大小，最现代化的设备是一台计算机和约十四吋的电视机。萨姆在名为《富甲美国》的回忆录中写道：

"许多第一次来访的客人都会对我们经理人员的办公室感到惊讶。大多数人说，我和沃尔玛公司所有其他经理人员的办公室就像是卡车终点站所能找到的那种司机休息室。我们都在一幢单层的、办公室兼货仓的建筑物内工作。办公室绝对不算大，四周墙壁是廉价的护墙板。我们从来没有豪华家具或者厚厚的地毯，也没有专为经理人员设置的酒吧套间。"

数十年的经济生涯，我见过的国内外经理人办公室多去了。有的依山傍水，环境优美，曼妙的音乐在身后回荡，主人眼前河山万里，胸中浮想联翩；有的藏身于"水泥森林"的大厦顶层，街市霓虹闪烁，室内有酒吧，脚踏波斯地毯，走廊上悬挂身价不菲的毕加索画作，像是向任何来访者表达自己的文化素养、尊崇与高贵；有的近半个篮球场大小，室内满是各种文玩与收藏，不时闻到不知何处飘来的禅香味，福禄寿喜的摆设昭示着主人的华贵与富有；当然，也经常见到不少创业者居陋室而不自惭，殚精竭虑，夙夜兼攻，灯火常伴他们到深夜……

办公室的主要功能就是办公，不少人显然已把它扭曲和异化。

这位居陋室办公的萨姆，却创造了名冠世界的"零售帝国"，这就不能不令人刮目相看。根据他在自传中的回忆，勤奋与节俭，伴随他的一生。

他从七八岁左右，就开始给订户送报刊杂志，从七年级直到大学,都有固定的送报路线。同时还饲养兔子和鸽子出售。报童生涯及俭朴的家风,使他"绝不乱花一分钱"。

他的弟弟巴德说:"当有一枚一便士硬币丢在街上时,有多少人会走过去把它捡起来?我打赌我会,而且我知道萨姆也会。"

萨姆说:"我至今不明白为什么我在小镇广场旁边的理发店理发会变成新闻。不去理发店理发我还能到哪儿去理呢?为什么我不该驾驶一辆运货小卡车呢?我该把我的几只狗拴在哪里?难道关在罗尔斯·罗伊斯轿车里?"

当沃尔玛也有2000多家商店时,巡视商店用汽车已不合适。"我们有12架飞机——我可以很自豪地说,其中只有一架是喷气机。""我总是乘那架旧飞机,每周去那些商店了解情况。"萨姆说:"这几年我们前后曾经买过18架飞机,但我从来没有买过一架新的飞机。"

"我同大家一样,都很喜欢这些办公室。我们肯定得不到什么室内装潢奖,但它们就是我们所需的一切,而且人们照样干的不错。"

这位1985年10月,被当时《福布斯》杂志称为"美国第一富豪"的萨姆如是说。

办公室,方寸之地,分明蕴含着主人的思想和昭示着事业的未来。

## 二、难忘的"夹生饭"

到达本顿维尔的第一个夜晚,为了款待来自东方的客人,没有盛宴,主人费了很大的努力,找来的却是一碗碗"方便饭"。

这里距东方太远了，小镇在美国也很偏僻，或许他们知道得最多的是中国人的主食是米饭。这碗"方便饭"在小镇被找到据说费了很大劲，我们也等了不少时间。"方便饭"的外包装与碗式"方便面"几乎一样，冲上开水即可食用。但是，没有想到的是，我们加工食用时竟然吃到了大量难以下咽的半生不熟的"夹生饭"。那顿饭，我和同事们可能把大部分"饭"都剩下了。

中国人对于"方便面"再熟悉不过了，但从未食用过"方便饭"。"方便饭"至今未见推广，看来是失败了。我和同事们大概谁也不会忘记本顿维尔镇的那顿晚饭。没人有一句怨言，因为，我们感受更多的是主人的热情和体贴。我在想，十几年前的美国小镇就继方便面之后想到了"方便饭"，虽然失败了，但其敢想敢为的精神却令我心生敬意。

创新，是充满五味杂陈的过程，应当鼓励试，允许错，宽容失败。没有失败的准备，创新就已经输在了起跑线上。

沃尔玛的成长史就是一部敢于创新的历史。每个发展的关键时间节点上，他们都站在创新的最前沿。

萨姆进入零售业的时代早已是连锁和加盟连锁迅猛发展的时期。这种生机勃勃的流通组织形式是商业流通形式的创新，他们把单店的有限性与总规模的无限性结合起来，为传统商业提供了广阔的发展空间。

富兰克林加盟连锁店的成功，没有阻挡他继续前进的步伐。这位报童出生的萨姆即使卖报也比别人更为出色。他身体力行地倡行商业文化创新。"天天低价""薄利多销"的新理念和新文化使竞争对手纷纷败下阵来，却把广大消费者吸引到自己的身旁。

他1970年把家族企业改造成一家股份上市公司，建立现代企业制度，合作伙伴、高管与员工均可持股，把合伙人、管理人员和职工的经济利益紧密结合起来，完成了制度创新，真正实现了利益与风险同担和共享。

没有物流配送，就没有真正意义上的连锁经营。这是商业模式的创新。我们考察时数十个分销中心、3万个车厢、5000个车头，人歇车不歇，组成了美国最大的车队和流通网。站在分销中心终端，各种商品如流水般地分开和组合，才真正体会到了什么是"物流"，呈现出"车如流水马如龙，花月正春风"的景象。

十几平方米的办公室旁边，是投资7亿美元建成的计算机和卫星系统，这个占地面积1.4万平方米、约两个足球场大小的系统是世界上最大的民用数据库。在美国据说仅有五角大楼的数据库超过它。正是在强大的科技创新支持下，才实现了沃尔玛"突出主业、扁平管理"的跨国公司运作。总部可以不经任何中间环节直接管理到美国乃至世界的每一个商店。

……

现在，沃尔玛又开始兼并科技企业，向电子商务进军，去年（2000年），它以30亿美元收购了美国电商JET.COM，后者仅运营一年，但已获得了"亚马逊终结者"的称号。

探索者把"方便饭"虽然做成了夹生饭，但是，它蕴含的创新精神却继续在高歌猛进，奋力前行。

## 三、还在路上

萨姆在1992年4月走完了奋斗的一生，此前不到三周时间，他荣获了老布什总统颁发的美国自由奖章。他用一生谱写了一首艰苦创业的颂歌，献给了美国，也献给了世界。

节俭，不分国界。创新，永无止境。沃尔玛仍然走在续写辉煌的路上。

时任沃尔玛公司的总裁兼首席执行官李·斯科特先生送我一本零售大王萨姆·沃尔顿的自传——《富甲美国》。这是老萨姆自己记录的他艰苦奋斗的一生经历。

沃尔玛俨然成了一个零售帝国。从2002年到2016年已经11次位居财富世界500强企业首位。也就是说，它超越了所有的金融大亨、汽车大王、石油巨子，居于世界500强企业的峰顶。这也是零售行业第一次创造的世界奇迹。位居深圳的中国沃尔玛总部告诉我，2016年，沃尔玛全球市场已有11545家分店，遍布28个国家，全球员工230万名，2016财年净销售额4821亿美元，每个星期有超过2.6亿人次顾客和会员光顾沃尔玛，电子商务网站遍布11个国家。全球员工及销售额均再创财富500强的世界第一。

辉煌还在续写，创新仍在路上。对本顿维尔小镇的访问已经过去了近二十年，许多有关沃尔玛的印象早已逐渐淡忘和远去。但是令我至今难以忘怀的，仍然是那间十几平方米的办公室和那顿晚餐吃到的"夹生饭"……

（作于2017年6月）

# "小鸟筑成巢"
## ——记家乐福的中国情缘

从20世纪初开始,塞纳河与黄河长江就结下了不解之缘,法兰西共和国与中国之间,谱写出如此多的历史新篇章……。

新中国很多老一代领导人为探寻救国救民的真理,曾赴法勤工俭学,周恩来、邓小平、蔡和森、陈毅、聂荣臻等人就是他们中的佼佼者。

五十多年前,毛泽东主席和戴高乐将军以超凡的战略眼光,毅然作出建交的决策,使中法关系始终走在中国同西方主要发达国家的前列。

有着独特文化历史的两个古老文明国度,思想、文化、艺术相互仰慕,形成了独立自主的精神,不随波逐流,不随风起舞,当《马赛曲》和《义勇军进行曲》奏响之时,悲壮激越,豪情满胸,令人肃然起敬。

戴高乐将军半个世纪前曾说过:"中法两大民族都对对方怀有深厚的仰慕和尊敬,两国间存在的明显默契总有一天会发展成一种越来越深厚的合作。"

果不其然,当新中国商贸流通业对外开放大门洞开之时,行走在世界零售业"巨人"之列的家乐福,第一批来到了中国。

法国有句谚语:"一点又一点,小鸟筑成巢。""鸟儿",开始东飞。

## 挑 战

"文化大革命"结束后,全国上下掀起的关于真理标准的讨论,以及安徽省凤阳县小岗村群众签订的"生死文书",开启了天翻地覆的改革和开放大潮。但是,告别了"计划经济"的中国商业仍然经历了一段凭票供应的过渡时期。即使到了20世纪80年代,个体经营、单店销售、集贸市场仍是我国主要的流通方式,国营百货商场就是最时尚的流通业态。还处在"幼稚"阶段的我国商业,一旦对外开放,竞争力堪忧。

1990年是我国"七五"计划的最后一年,当时,11亿中国人实现了8300亿元社会消费品零售总额。这一年,也是中国加入WTO谈判的第六个年头,眼见着商业就要作为首先开放、逐步自由流通的领域,整个内贸行业弥漫着心中无数、不知所措甚至恐慌的情绪。

中国的最高决策者们下定了坚决对外开放的决心,并且一开始就要把全世界数一数二的沃尔玛、家乐福们请进来,让中国的同行与"巨人"们一道前行。一时间,对不少的中国"商业人"来说,好像"天快要塌了"……

作出这个决定,是出于对民族伟大复兴的坚定信念,是出于跨越式发展"只争朝夕"的紧迫感,也是出于对中国"商业人"精神、意志、能力和智慧的充分信任。

然而,决策者们也是"谋定而动"的智者。商业对外开放是逐步的、分阶段的、有条件的。早在19世纪初,德国著名经济学家李斯特就提出了生产力理论,这是保护幼稚产业的理论依据和基础。世贸组织承认对幼稚产业有条件的保护。因此,中国政府对商业逐步开放的决策,不仅有理论基础,有法理依据,还有时间表和"路线图"。

但是,中国内贸流通行业对外开放,仍然充满了艰辛和挑战。

**路遥知马力**

"一点又一点,中国同行在成长";"一点又一点",外企"扎下根"。

"鸟儿"在筑巢。

改革开放之初的中国商业,不仅需要资金、技术、商业模式,更需要新的理念、新的管理。

连锁经营、物流配送、电子商务在我国传统商业掀起大潮,超市、大卖场、专业店、专卖店、购物中心等各种业态如雨后春笋般成长起来……。

经历了初期的"水土不服"之后,家乐福开始崭露头角。

在世界所有的零售巨头中,家乐福在30多个国家和地区发展,不仅国际化程度最高,而且以经营生鲜食品见长。食品安全,自然成为企业和消费者高度关注的对象。

以制度保障食品安全。家乐福迄今与我国近600家农村合作社、127万名农民合作，建立起生鲜食品供应基地，先后培训7000余名农民骨干。他们是"农超体制"最早的践行者。既解决了大批农民的就业，又使安全可追溯、有保障。同时因"无缝对接"而降低了成本，较好地解决了最初与最后"一公里"的"顽症"，使食品安全有体制保障。

以科技支撑食品安全。与科研机构合作，先后在北京、上海、重庆、沈阳成立"一级食品安全实验室"，在全国建立45个快速食品安全检测实验室，运用气相、液相色谱仪以及原子吸收光谱仪等精密仪器，每日对约60个食品样本进行农药残留、兽药残留及食品添加剂等52项指标进行检测。运用互联网技术，每天对全国73个城市的231家大型综合超市的成千上万个观测点巡查。家乐福管理者告诉我："即使有顾客偶尔不幸摔倒，只要在观测点内，我们总部也会及时发现，抓紧救护。"

2004年5月，家乐福中国食品安全基金会建立。基金会重视与"官、产、学、研、商"和广大消费者合作，从事与安全有关的职工培训、学术讲座、论坛研讨、科学普及和安全知识宣传，投入资金，努力使食品安全得到保障。

现在，家乐福又在向绿色消费、低碳生活进军。

2015年底，北京四元桥店开业，这是第一个获得政府节能认证的生态型购物中心。95%的照明设备采用LED，减少碳排放；太阳能照明、太阳能集热；采用先进的能源监控系统，降低能耗；启用PM2.5空气过滤装置，创造清新的购物环境。家乐福还率先在全国启动免费的电动班车服务，105辆电动班车，穿行于多个城市门店，并将逐渐在全国家乐福店推广。据测算，20辆纯电动班车，一年可减少约438吨二氧化碳排放，相当于10000棵四十年的参天大树全年的减碳效果。

路遥知马力，日久见人心。

**友好的使者**

家乐福不仅把先进的商业模式和管理理念带到中国，而且还是认真践行社会责任优秀的"中国企业公民"，是增进中法两国人民友好的使者。

2012年以来的北京暴雨、雅安地震、抚顺洪水、海南台风、鲁甸震灾，家乐福分别向受灾地区提供了50万、100万、200万元数额不等的物资和现金援助。2015年8月，天津滨海新区一危险化学品仓库发生爆炸，家乐福心系消防官兵及受灾群众，迅即将饮水、面、口罩等应急物资运赴灾区。家乐福基金会在第一时间捐赠100万元人民币用于救灾物资储备。2015年底，深圳泰裕工业园发生山体滑坡，家乐福集团基金会在第一时间向深圳红十字会赠予方便面、火腿肠、矿泉水、药品、绷带、紧急救灾设备等价值30多万元人民币的救援物资……

做消费者喜爱的零售商、好伙伴、好邻居，成了家乐福的企业文化。

"思维全球化，行为本土化"，家乐福是优秀的践行者。

中国流通业的改革开放，家乐福是积极的参与者，也是当然的受益者。

家乐福还是中法人民友好的使者：

2004年，当中法建交40周年的时候，家乐福在法国的里尔市，复制了上海南京路商业街、苏州桥，向法国人民介绍遥远的东方文化、风土人情、商品商业……

上海世博会申办代表团访问巴黎，家乐福张开臂膀，热情欢迎……

中法文化友好年活动，在家乐福的祝福中，埃菲尔铁塔被染成了"中国红"。

这是心与心的互动，两国人民情感的交汇在加深。

这是无声的河流，中法友谊在静静地流淌。

默默地耕耘，辛勤地劳作，在中国广大消费者的支持下，家乐福（中国）在成长。现在，遍布中国73个城市，家乐福已开设了231家大型综合超市，其数量已超过法国本土。

家乐福（中国）迄今与2万多个本地供应商建立起良好合作关系。目前，在家乐福（中国）拥有的6万多员工中，99%以上的员工、97%的店长是中国人；2014年实现销售额超过457亿元，其中99%是中国产品。

现在，他们又与腾讯、永辉携手，开启了全渠道、高科技的征程。

勤奋地耕耘，也获得令人羡慕的荣誉。家乐福（中国）前任总经理施荣乐先生，作为九名受奖外资企业之一，在中国广交会百年庆典上获得中国总理亲自颁发的表彰。

2016年1月，家乐福集团副总裁、大中华区总裁唐嘉年先生，被法国政府授予法国荣誉军团骑士勋章，以表彰他在促进中法两国经贸发展、文化交流等方面作出的贡献。

2014年3月，习近平主席在巴黎举办的中法建交50周年纪念大会上曾深情地讲道：有梦想，有机会，有奋斗，一切美好的东西都能创造出来。希望在两国人民实现各自梦想的基础上，努力实现"中法梦"。

波光潋滟塞纳河，滔滔不息长江水。

"一点又一点，小岛筑成巢"。这句法国谚语，朴实而隽永。

家乐福的法文含义，原本是"十字路口"。二十多年前，站在"十字路口"的家乐福毅然选择了中国，他们实际上是选择了未来。未来，前面还会有风，还会有雨，中国朋友和广大消费者会和你们一起，手拉手，向前走！

祝福你，塞纳河的伙伴！

（作于 2016 年 1 月）

# 相知无远近，万里尚为邻
## ——忆抗击非典时期的中意友谊

2003年的春天，非典型肺炎SARS传入北京，首都经历着一个戴口罩的春天。

高度的传染性，连救死扶伤的医生、护士都难以幸免。很高的死亡率，使恐惧情绪"一石激起千重浪"，不胫而走，到处漫延。

荒诞不经的传言比SARS更可怕，"封路""关城"甚至"戒严"的谣言满天飞，可以用于消毒的食盐、醋、蒜等商品，以及应急的方便面乃至粮食、水，在许多超市商店被迅速抢购一空，用于空气过滤的口罩更不用说。传言、疫情、市场供求的紧张，相互激荡，加重了恐惧情绪的传播。

面对突如其来的"非典"，共和国在行动：党中央、国务院召开紧急会议作出部署，吴仪副总理兼任卫生部长领军应对，卫生防疫预案及系统紧急启动，各医院设特殊病区，医护人员加强自我防护，紧急建设隔离专科医院，完善疫病追溯防控体系，加快病因筛查和疫苗研制……

尽管北京市周边的储备丰富充裕,可保北京及周边相当长时间的消费，但是大包装的米、面、油尚待加工和分装。4月23日凌晨，为稳定市场，我们仍然连夜从天津、石家庄、黑龙江等相关邻近地区调运方便面、食盐及小包装的米、面、油等，要求直接到居民社区送货上门售卖。天亮时，100多辆运货卡车从四面八方进入北京，不到半天，市场平稳下来。我们同时通电全国各地，作出预案，参照办理。之后，又去全聚德、麦当劳当"食客"，通过中央电视台等各种媒体将食品安全的信息，向全社会广为传播。

人心稳，市场稳。

在灾难面前，我们也认识了一批患难的至交与真诚的朋友。

**忠实的朋友**

在抗击非典期间，对疫病的恐惧也传到了国外。在华工作的许多人选择了离开。"当时，意大利仅在罗马地区就有约400多家中餐馆，非典发生后，一夜之间再没有人去用餐，中餐馆门前，无人问津，门可罗雀。"时任中国驻意大利使馆的经济商务参赞张俊芳说。"当时，有很多中意经贸合作项目，其中，意大利出口到中国的数控机床占意中贸易第一位。非典发生后，意大利作为主要参展国，原来计划参加在北京展览馆举办的国际数控机床展览会，也决定不来了。"张俊芳又说。

那时，中外经贸交流与合作，因SARS的发生而严重受挫。2003年的中国春季出口商品交易会虽然坚持在严格管理的基础上继续举办，但外商参会人数大幅下降，仅有几万人。对外经贸交往陷入低潮。

2003年5月23—24日，意大利生产活动部主管对外经贸合作事务工作的副部长阿道夫·乌尔索，受意大利政府委派，作为特使访问中国。时任商务部部长吕福源会见了乌尔索一行。吕部长对乌尔索一行在中国抗击"非典"的关键时刻访华表示欢迎，感谢意大利政府和人民为中国人民抗击"非典"提供的紧急援助，指出乌此次来访不仅给意大利企业带来鼓励和信心，也是对中国的支持。

我与乌尔索副部长一行举行了会谈，并代表中国政府接受乌尔索副部长代表意大利政府捐赠的100万欧元无偿援助。会后，我与乌尔索副部长一起，在意大利驻华大使孟凯帝的陪同下，出席了由意方在北京饭店举行的电视会议。电视会议面向罗马、米兰、那不勒斯、卡塔尼亚四个城市的意大利商人召开，乌尔索表示，他此次率团访华的目的是转达意大利政府和人民对中国人民抗击"非典"的支持和声援，表明意大利政府重视发展对华经贸合作。同时，通过电视会议向意大利企业家介绍代表团在北京的亲身感受，向意大利企业家发出积极信号，鼓励战胜恐惧、树立信心，继续与中国企业发展经贸合作。

会议开得轻松、亲切，我与乌尔索等所有与会人员都不戴口罩。据我国驻意大利经商处分赴意大利四个城市分会场的反映，意大利人开始觉得SARS并没有传说中那么可怕。

为帮助北京改善大气环境，乌尔索代表意大利环境部向北京市捐赠治理大气污染设备。时任国家环保局的祝光耀副局长和北京市副市长的张茅与意方共同出席了捐赠签字仪式。

乌尔索副部长一行来华访问,以及法国外交部长拉法兰的来访,在意大利、在欧洲企业界产生了积极的反响。意大利展团也全部来华参加了北京国际数控机床展。

乌尔索副部长同时送我一本由明朝时期来华的利玛窦编著的书——《交友论》。

**中意友情　源远流长**

古老的丝绸之路,是中意两国人民友好交往的桥梁和纽带。意大利是最早与中国来往的西方国家。

公元73年,我国东汉时期曾派班超出任西域都护。班超在西域都护任职三十年,在加强与西域各国联系的同时,曾派甘英出使大秦,即当时的罗马。到过地中海和波斯湾,"临西海而还"。班超首次将丝绸之路从西亚延伸到北非、欧洲。古罗马人也沿着丝路来至东汉京师洛阳。据《后汉书》记载,公元166年,大秦使臣来到洛阳,这是欧洲国家历史上首次同中国的直接交往。

《马可·波罗行纪》记载了马可·波罗及其父亲尼古拉·波罗、叔叔马菲奥·波罗先后两次到访中国、并在元朝任职、游历的情况,详述了他在中国和东方的见闻,记述了忽必烈时代的重大事件。这也是历史上第一部向西方介绍中国的史书。

明朝后期,意大利耶稣会教士利玛窦来华传教。初在广东肇庆,

1601年到北京。他在华二十八年，曾在朝廷任职。利氏在传教期间，既把西方科学知识传入中国，也把中国文化介绍到欧洲，成为明代中西文化的沟通者、传播者。对明代官员徐光启、李之藻在几何学、天文学等方面影响很大，成为"西学东渐"的先驱之一。

郎世宁，意大利米兰人。1715年来华传教，在康、雍、乾三代为宫廷御用画师。创作有《瑞谷图》等大量肖像画、历史画和花鸟鱼虫画。他以精湛的欧洲油画技艺做基础，吸收东方艺术精华，创造的"中西合璧"的新颖绘画风格，为中欧文化艺术交流作出了杰出贡献。

历时约两千年的中意友好交往史，继续在新世纪续写。乌尔索带来的意大利政府和人民的友情，也得到了中国政府和人民真诚的回报。

2004年初，为了保护环境与资源，我国对焦炭生产销售的国内外计划，都作了相应的调减。包括意大利在内的欧洲钢铁企业，一时难以适应，反应强烈。意大利及欧盟通过多种渠道反映他们的诉求，乌尔索也给商务部和我来函反映困难。我奉命出使欧洲，经过艰苦的谈判和协调，急朋友所急，最终依法依规、破例及时地解决了他们的关切。其中意大利的需求，受到我国焦炭出口企业格外的关照和眷顾，可以说中国企业那时是一单一单、一船一船地过细安排，使包括意大利在内的欧方，渡过了难关。

这是友谊的基因，是感情的缘脉，是文化的力量，是WTO规则以外的"气场"在起作用。

2006年的夏秋时节，为了广交会的招商工作，我再次率团访问意大利。参加完在罗马举办的经济论坛，计划飞往米兰与意大利总商会会长波玛先生见面，结果飞机延误至晚上八点才到。波玛会长已是满头的银发，仍兴致勃勃地率众耐心等候，见面时我深表歉意，感觉过意不去。共进晚餐时，谈罢招商业务之后，使我更加惊异的是，他突然向我询问我国宋朝著名女诗词大家李清照的一首词的具体内容。他说："我国不乏著名的男诗人，比如但丁，但是，我们却缺乏女诗人。贵国历史上有一位著名的女诗人，不知姓什么，她曾写过一首诗，内容是讲春夜酒醉之后，风吹雨打，花叶残败之状，不知此诗具体内容是什么？"这是一个要根据描述去想象回应的必答题。我沉默了一会儿，回答道："您说的这位女诗人，可能是我国宋代著名女诗词大家李清照。词是诗的一种形式。您提到的那首词叫《如梦令》，主题和内容是写春天雨后拂晓的景象。不知是不是？"未等作答，我把李清照那首《春晓》词复述了一遍："昨夜雨疏风骤，浓睡不消残酒。……"

　　那天晚上，我们在"雨疏""风骤""绿肥""红瘦"的话题中，度过了一段美好的时光。

　　这段小插曲，使我切身体会到意大利乃至欧洲商界高层的文化修养。意大利对中国文化的高度关注，说明他们开阔的眼界与气度，是文艺复兴形成的思想解放激流在新时期的流淌。后来，我邀请波玛先生参加广交会，才知道他手上有一本谬误百出的"李清照诗词"的手抄本，在米兰的那次询问是他认真在求证。于是，我为波玛先生书写了一副李清照《如梦令》——"春晓"的书轴，张俊芳经商参赞告诉我，他始终挂在他的办公室内。

路遥知马力，日久见人心。在改革开放的大潮中，我时常想起唐朝著名诗人张九龄的诗句：

相知无远近，万里尚为邻。

（作于2016年10月）

# 红原行

应友人之邀,携家人在仲夏时期,开启了红原之旅。

红原,是我向往的地方。那里有冰川、草原、蓝天、白云、牦牛、羊群。那里是藏、羌同胞聚族而居之地,也是中国工农红军长征经过的大草原……

车过汶川,进入阿坝藏族羌族自治州,行经接连不断的山洞,思绪难免不穿越大地震带来的痛苦回忆,仿佛走进了八年前的时光隧道。那场大灾难的遗迹尚存,但一切都已换了人间。

扑面而来的羌寨、藏寨,高山葱浓翠绿,路边流水潺潺。车过三家寨,实为三叉路口,已进红原县境。远山是连片的云杉林,近处是青翠欲滴的灌木丛,连绵不断的高原草甸,仿佛行进在欧洲的阿尔卑斯山。登上海拔4345米的查针梁子,这里是长江、黄河的分水岭。雪山之水从此分野,往北流入"骏马秋风"的塞北,往南则融进"杏花春雨"的江南。

司机吴冬告诉我们:红原到了。

## 红军走过的大草原

有热情健谈的吴冬作伴,一路上并不寂寞。

红原县地处川西北阿坝藏族羌族自治州中部。唐代曾设恭州,元朝曾设吐司制,一直延续至明清及民国时期。历史上基本无行政建制,直到新中国成立。1960年7月,经国务院批准,设立红原县。

红原,是"红军长征走过的大草原"。在红原建县那年,周恩来总理亲笔题写的这十个字,镌刻在红原纪念红军长征的各个纪念碑、博物馆和遗址处。

那是红军长征时一段最为悲壮和艰苦的岁月。后有敌人的追兵,前有强敌堵截,越过飞鸟不跃的夹金大雪山的红军,又进入高寒缺氧的草原。世界上面积最大的高原沼泽——若尔盖沼泽地,横亘在红军前进的征途上。史载,纯朴的牧民曾用自己维持生计的牦牛、青稞支援还没有找到根据地的红军。草地上留下了"金色的鱼钩"和"七根火柴"等动人的故事。

"雪皑皑,野茫茫,高原寒,炊断粮。红军都是钢铁汉,千锤百炼不怕难。雪山低头迎远客,草毯泥毡扎营盘。风雨侵衣骨更硬,野菜充饥志越坚。官兵一致同甘苦,革命理想高于天。"就是那段悲壮历史的真实记录。

至今,在红原留下了亚口夏山红军烈士墓、日干乔大沼泽、色地坝、年杂坝草地等革命遗址。毛泽东主席在延安时期和全国解放后,曾多次高度评价红军长征爬雪山、过草地时藏羌人民的革命贡献。并深情地将其赞誉为中国革命史上特有的"牦牛革命"。

红原县域8440平方公里，平均海拔3600米，年平均降水量750多毫米。东南距成都450公里，辖4镇7乡，有人口约4.5万人，其中藏族人口3.8万多人，占全县总人口的84%左右。

红原占人口总数八成以上的藏族同胞信奉藏传佛教。寺庙、白塔、玛尼堆、经幡、石经墙随处可见，其中"万象大慈法轮林"是川西北最大的宁玛派寺院。途经旅途最高处的查针梁子时，藏汉同胞一起挥撒被称为"龙达"的各色纸片，为民族团结和各族同胞祈福。麦洼寺的"和平塔"，塔高149米，据僧人介绍它是亚洲规模最大的祈愿和平的白塔。红原的经幡在高山与草原随处可见，像盛开的莲花，像热情伸出的双臂，像向蓝天展开的赤诚的心，被背包客称为"最美的经幡"。

2013年，红原实现地区生产总值9.2亿多元，比2012年增长11.1%。红原正在2020年同步实现全面小康任务的鼓舞下，向着"统筹城乡发展高地，草原经济示范基地，民族团结和谐福地"的目标奋进。

## 因为信仰，所以纯真

资料表明，世界上有大约1400万头牦牛，其中95%分布在中国西部的青藏高原，红原是牦牛最多的地区之一。牦牛也是藏族牧民最重要的财富。

十八年前，谢剑受省经贸委的指派，带着发展藏区经济的志向，到红原考察，从此扎根草原。他引进当时国际上最先进的瑞典乳制品加工设备，改造了当地原有的乳制品加工企业，设立牦牛奶收购点，在蓝天白云下，有滋有味地建立起西部牦牛产业集团和红原牦牛乳业有限公司，自任董事长。带领他的团队，开始了他们的"牦牛生涯"。

红原牦牛乳业的前世今生颇有传奇色彩。1956年，六世老活佛贡唐昌·丹贝旺旭为发展藏区经济首创了牦牛奶加工企业。如今，企业走过了六十年，老活佛已经圆寂，继任的七世活佛贡唐昌·洛桑格来·丹贝堪虔是红原牦牛乳业的荣誉董事长。崇尚原生态与纯天然的红原牦牛乳业，坚持零药残、零抗生素、零激素、零添加剂的方针。他们喊出了这样的企业精神：

因为信仰，所以纯真。

杨勇，现在是红原牦牛乳业的掌门人。红扑扑的脸上永远写满了笑容和憨厚。"高原的紫外线把我晒黑了，"他说。可我看他还是白胖白胖的。他带领数百员工在5—9月的产奶季节，始终奔忙在广袤的大草原。"牧民必须在两小时内将奶送到56个收奶站，我们的恒温槽车必须在4小时内将奶送到厂里加工，当天的鲜奶必须在当天加工完才能下班。"三个"必须"，使我看到他们对质量的重视和对科学规律的敬畏。"收奶的员工下午还工作吗？"我问。"要求他们下午到牧民村中去做好人好事，教孩子学习，检查作业，帮助做家务。做了什么要记录下来，收购季结束后要评比，论功行赏。"这听起来很简单的几句话，却让我心中为之一震，又想起了那句话：

因为信仰，所以纯真。

卡西·噶尔泽才华横溢，曾与刘晓庆等著名艺术家合演多部电影和电视剧，管理过文化、教育工作，20世纪90年代曾任若盖尔县县委书记，担任甘、青、川三省十二个县级单位经济技术联席会联络处主任，现在人过70岁了，仍然是红原牦牛乳业的副总和三省十二个单位的总协调员，人称噶书记。彭措扎西是56个收奶站的负责人，黝黑的脸庞记录着工作的繁忙和岁月的艰辛。以藏族同胞为主构成的红原牦牛乳业创业队伍，又让那句话跃然于我的心中：

因为信仰，所以纯真。

能在高寒缺氧中生存繁衍、几乎为中国独有的千万头牦牛，定然有其抗高寒缺氧的内在因素或基因。世界乳业权威研究机构、美国威斯康星大学麦迪逊分院系主任、美国乳制品协会理事长冉克教授已经受西部牦牛集团的委托进行着分析研究，并正在培养一位中国博士生。现已发现不同于普通奶牛的异常成分和含量。是啊，这个耐高寒缺氧的每头牦牛每天只产1.5—2.5千克的牦牛乳汁，比之每天产奶30—60千克的普通奶牛，定然有其神奇的成分和因子。如果弄清了这些原因，牦牛乳汁本应该由驻守高原的战士、孕妇、儿童和创造优异成绩的专业运动员分享，销售给一切需要这种乳汁的人们。这是对科学坚定而纯真的信仰。我在想，红原牦牛乳业还要尽力增加科研投入，而我国有关的科研机构也应该在公共财政资金的支持下，积极地介入。

谢剑已经让自己的儿子投入到牦牛产业化事业中去了，他说："三年左右，我们计划将现在的56个奶站扩大到300个，那时，可能解决2000人左右的人员就业，牦牛奶收入平均约占牧民年收入的50%—60%，藏区脱贫，牦牛乳业大有可为。"

红原牦牛乳业在成长中也出现过困难。当前，从制造到走向市场，就存在"惊险的一跳"。

为藏区牦牛产业化和藏胞奔小康，费孝通老人曾实地考察并上书国务院，温家宝总理也有过批示，时任省委书记的刘奇葆及省、州、县领导都给予过大力支持。但是，要将红原牦牛乳业产业化进行到底，仅靠民营资本是不够的。正如孙中山先生所说："革命尚未成功，同志仍须努力！"

现在的省委、省政府的主要负责人更是把西部牦牛集团产业化、产品系列化作为振兴藏区、精准脱贫的重要抓手，颁发文件、增加投入，一步一个脚印地扎实推进。

红原的夜空可以看见星星与银河。白天，蓝天上的白云，好像羊羔和牦牛跃上了天空。红军长征走过的大草原，正在成为希望的原野。

红原机场已经启用。近千公里的二级公路还在红原大地延伸。川、渝、陕、甘、青等邻省市自驾游的车队不时从身边驶过。旅馆、饭店、商店雨后春笋般地成长。省里每年都要举行的音乐节和当地的文化节正在三个分会场积极筹备之中。想象一下那夜空旷野中的天籁之音吧，《长征组歌》《在那遥远的地方》等歌曲一定会是音乐会的经典。正像红原县城中央那座奔跑的牦牛群雕一样，红原，是奋进中的草原。

红原，已经是不再遥远的地方！

（作于2016年8月）

# 金 市

在大唐西市博物馆露天展场,看到唐王朝长安西市留下深深的车辙。那条车辙,那道痕,静卧在钢化玻璃下数米深处。安详,无语,却不由人浮想联翩。

这条车辙,居于丝绸之路的起点,是古长安城蛛网般街道的一段,联结着大唐帝国的城市乡村。周边,袅袅炊烟,小小村落;远处,松柏雁塔,巍巍城廓。

这条车辙,曾有战车走过?"车辚辚,马萧萧,行人弓箭各在腰。爷娘妻子走相送,尘埃不见咸阳桥"。

长安,僧侣西行,过客匆匆,诗人吟哦。那条车辙,记忆最多的或许是:使节相望于道,商旅不绝于途。喧闹的集市,熙来攘往的人流……

这就是长安大唐西市,历史上又称"金市"。

## 一

大唐西市,以繁盛誉满天下,始建于隋代。

史载，自汉朝建都长安约八百年后，隋文帝杨坚嫌城池狭小，饮水咸苦，不宜人居。于开皇二年元月，命富有巧思的建筑大师宇文恺主持，在距老城东南21里的龙首川，创建新城。第二年三月竣工，命名大兴城。第三年迁都大兴。始建大约三十年后，隋炀帝又组织民工10万人，增高大兴城墙。新城的宫城居北，皇城在南。皇宫城的东、西、南三面为居民区。居民区，又称坊，共设108坊。外郭城南设东西两市，每市各占两坊之地，600步见方。市内由井字形街道将两市各分为九个区、八个门。东市命名为都会市，西市命名为利人市。隋朝建设的市场为唐朝奠定了基础。

长安，是当时最大的商业都会。集市内的商旅荟萃，店肆林立，"四方珍奇，皆所聚集"。

市场建设在隋朝还拓展到了洛阳。

隋炀帝继位后住长安不到一年，迁居洛阳常住。宇文恺又主持洛阳的建设。新城位于旧城之西，历时十个月，于公元606年初完成扩建。洛阳地理位置适中，水陆交通便利，加之隋炀帝在扩城之初即命迁徙"天下富商大贾数万家于东京"，命"江南诸州，科以上户入东都住"，"河北诸郡送工艺户陪东都，三千余家"。大批豪族富商、手工业者迁居洛阳，使东都人口达20万以上。洛阳建丰都、大同、通远三个市场，分处于该城东、南、北三地，其中以东边的丰都市最大。丰都市占地2坊，周8里，通门12，3000余肆。"市四壁有四百余店，重楼延阁，互相临映，招致商旅，珍奇山积"。隋炀帝时期的洛阳，一度成为当时全国的政治、经济中心，商业的发达，已凌驾在长安之上。

隋朝时期宇文恺不仅设计并建设了长安与洛阳的城与市，而且还主持了大运河的开凿、长城的修筑，为唐宋的兴盛创建了历史性的基础。但是，"一将功成万骨枯"。在炀帝挥霍奢侈的役使下，苍生却遭大难，其中，仅开凿运河，就发民工360万人，死亡者十有其四，"丁男不足，役及妇人"。"父母不保其赤子，夫妻相弃于匡床"。万城空虚，千村烟灭。终因炀帝的荒淫残暴，役民无度，使隋王朝成为三十七年而亡的短命王朝，在风起云涌的农民起义中走向衰亡。

## 二

大唐西市，成为金市，始于唐朝。

唐太宗李世民君臣认真总结了隋朝短命速亡的经验教训，认识到"君，舟也；人，水也；水能载舟，亦能覆舟"的道理，在治国理政中努力做到"去奢省费，轻徭薄赋，选用廉吏，使民众衣食有余"，出现了我国历史上有名的"贞观之治"。唐高宗武则天、唐玄宗时期，农商并重，不仅农业发展、人口增加，而且社会安定、商业繁荣，为贞观之治与开元盛世架起了桥梁。疏浚运河，劝课农桑，促商兴贸，四海归心。唐王朝结束了汉末以来四百年的分裂，至开元天宝之际，已建成"东至安东，西至安西，南至江南，北至单于府大统一的稳定局面"。杜甫在《忆昔》诗中写道："忆昔开元全盛时，小邑犹藏万家室。稻米流脂粟米白，公私仓廪俱丰实。"

天宝初年，京兆府共36万户，196万人，大部居于长安。京师长安城中有百万人口，是全国乃至世界最大的城市。长安在隋朝大兴城基础上扩建，建成东西18里多，南北逾15里，周围达67里，面积约70平方公里的京城。

长安城内街道宽阔平坦，道旁绿树成荫。商业集中在东西两市。两市分设在皇城的东南和西南。城内有108坊，东西两市各占两坊之地。每坊300余步见方，住四五百户住户，每市面积约一平方公里。市场面积占全城面积的3.5%。

朱雀大街将长安分为东西两面，各有居民54坊。由于大明宫、兴庆宫座落在长安城东部，为上朝方便，官僚贵族都住在朱雀大街以东各坊里。富商大贾以及波斯等西域各国商人只能住在朱雀大街以西各坊。这些国内外富商多数在城西南的西市就近开业。因而西市商业比东市繁荣，多从事国际贸易，所以，西市又有"金市"的美称。诗仙李白在《少年行》中赞誉金市："五陵年少金市东，银鞍白马度春风。落花踏尽游何处，笑入胡姬酒肆中。"

宋敏书《长安志》记载：东市"街市内货财二百二十行，四面立邸，四方珍奇，皆所积聚。"西市"市内店肆如东市之制。长安县所领四万余户，比万年为多，浮寄流寓，不可胜计。"商贾相聚，"多归西市"。

东西两市商业行业门类众多，很多是前店后铺。除丝绸、茶叶、药材、食品、服装、器物、杂货等数百行各类百姓生活必需品外，还有金银珠宝等各类高档装饰品、奢侈消费品。长安金银珠宝店多为中亚、西亚商人所开。市内不少波斯人开设的邸店——"波斯邸"，该店既存货物又住客商，东西两市的繁华可想而知。

唐朝都城长安作为全国的政治、经济、文化中心，迁客骚人，多会于此；南来北往，万商云集。开放包容的盛唐，四方来朝，聚集的胡商更多。造就过声名远播的长安首富窦乂及称霸一方来自中亚的昭武"九姓胡"商。人们买完东市买西市，从此，"买东西"成了中国人家喻户晓的大白话。李白诗云："何处可为别？长安青绮门。胡姬招素手，延客醉金樽。"

……

之后，是连绵不断的战乱。以农耕经济为主的历代封建王朝，其京师不断东去，南下，再也没有回到这个丝绸之路的发祥地——八百里秦川。留给后人的只有那深深的叹息和无尽的遐想：

"李白斗酒诗百篇，长安市上酒家眠。"诗仙醉卧之地，可是"胡姬"开店的金市？

## 三

斗转星移，沧海桑田。一千多年以后，武昌的枪声结束了封建帝制，南湖的星火翻开历史的新篇，睡狮已然醒来。

深埋地下千年的西市车痕现在坐落在大唐西市博物馆旁边，成为这座现代化博物馆的有机组成部分。"一带一路"已经成为中国倡议、共享共建的大格局。以大唐西市命名的企业集团成为丝绸之路源头的著名企业。董事局主席吕建中联系数十个国家的商会创建起"丝绸之路国际总商会",注册香港,并任主席。立志"以商促文,以文兴商"。这位秦川汉子正沿着那道千年车痕开启的长安大道,一路播洒丝路花雨,唱起了新时代的信天游。

目前,我国亿元以上的商品交易市场已超过5000家,成交额超过10万亿元。这虽然已经是世界规模第二的大市场,但其潜力与成长性在全球首屈一指。大唐西市那条古老的车辙笃定将被航空、高铁、高速公路和互联网络替代。新丝路上共建共享的平等,共同命运的追求,使中国与世界融为一体。"春江潮水连海平,海上明月共潮生。"

中国,正在成为世界的金市。

（作于2017年3月）

# "纽扣"人生

三十多年前,温州市永嘉县桥头镇纽扣专业批发市场曾经蜚声华夏。这样小的商品,如棋盘一样规模的市场,一时间,竟然像春风拂面,吹遍大地,吸引着来自中央的高层领导、专家学者和黎民百姓,蜂拥而至。

"春江水暖鸭先知"。那时,还在使用粮票、布票的人们有一种莫名的兴奋。没有硝烟,没有战斗,却有一种突围的感觉。朦胧的感知告诉我们:希望在萌动,一个新的经济制度即将诞生。

亚当·斯密的经济学巨著是从《国富论》的绣花针说起。永嘉人的《民富论》是从纽扣开篇。

## 今日纽扣市场

永嘉人的"纽扣"人生,是从扣好第一颗纽扣起步的。

永嘉与温州一江之隔,是温州历史之根、文化之源。汉朝之后,先后设郡、县,迄今已有一千八百多年的历史。哲学史上有倡导务实弃虚、理财治国的"永嘉学派"。这里山川灵秀,书圣王羲之、山水诗鼻祖谢灵运都曾任永嘉太守。永嘉,被誉为中国山水诗的摇篮。夜宿永嘉"耕读小院",炊烟袅袅,树影婆娑,一种诗书继世、农耕传家的气息扑面而来。

位于楠溪江畔的芙蓉古村落,是国家级重点文物保护单位。一位长者操着虽不标准但很流利的"永嘉普通话",侃侃而谈。历史上这里曾出过忠君爱国的将领,身居高山绝顶,因寡不敌众而举家跳进悬崖。这里人经商义利并重,但是义重于利。村内有聚族而居的村舍,有年节喜庆演出的戏台,有尊师重教的学堂,有人工修造"肥水不流外人田"的小溪……。漫步在凹凸不平的村中小道上,徜徉在"萧鼓追随春社近,衣冠简朴古风存"的氛围里,此时的我频添起"江春入旧年"的感受。

永嘉纽扣市场就诞生在这样的人文与自然环境中。

"中国桥头纽扣城已是第三代市场,"董事长徐建清说,"当年我才十六七岁,把上海、江苏生产的次品背回来卖,"起步是这样的苦涩。如今,费孝通老人题写的"中国桥头纽扣城"石壁依然矗立在市场外。旧桥已经拆去,宽大的新桥横卧在纽扣城的一端,仿佛要导引着纽扣市场通向更加壮阔的天地。

如今的纽扣品种繁多,绿色环保。当年清一色的塑料、有机玻璃扣,已扩展成今天的树脂、蚌壳、椰壳、硬木扣;纽扣、拉链、环扣、皮带扣及各种服饰附件应有尽有,俨然一个纽扣的王国和世界。"我们各类纽扣已占全国总量的60%,其中树脂类占到市场份额的

80%。"桥头镇镇长徐建光说。

现在的纽扣城商品已经系列化生产,效率高、绿色、环保、时尚。告别了作坊式的生产方式,由287家纽扣生产企业形成镇域内四个工业区,支持着纽扣市场的成长。郑焕东副县长说:"永嘉已可生产树脂纽扣原料,纽扣拉链行业已成为永嘉四大支柱产业之一,每年有约25亿元的工业产值,全部是机械化生产。"

过去,桥头镇曾被《半月谈》称为"东方的布鲁塞尔",历史上高峰时期,每年有约1500批次、5万人前来考察。今天,永嘉纽扣已成为义乌这个世界级小商品市场的不可或缺的商品组成部分。培养了上千人的电子商务人才,使永嘉桥头在互联网时代通向了一个更加广阔的世界。

## 万家超市十万军

邻县泰顺以办批发市场见长,永嘉县以发展零售居优。

永嘉县"八山一水一分田",发展经济的空间小、资源缺。

从20世纪90年代起,这些永嘉的"纽扣人"、养蜂者、弹棉花的个体户组成的农民为主的队伍,走出桥头,告别瓯江,到全国创业。数十万永嘉人在外地兴办的工商业产值数倍于本县。其中,十来万人办起了12000家超市,年销售额超过600亿元。形成了"万家超市十万军"的"永嘉超市"经济。

永嘉人把"超市"当成百货、购物中心、超市等商品零售业各种业态的总称。

在扣好人生第一颗纽扣之后，永嘉人的纽扣人生还在继续前行。

永嘉人的超市开始"闯关东""走西口"，雄踞东北、华北、西北的一些地区。年销售收入50多亿元的汇嘉百货，是新疆最大的零售商之一，现在正在申请上市。

西南、西北、东北、长三角各省市，走来了温州一家人、一群人、一个"军团"，在城乡结合部，安营扎寨，以奥康、红蜻蜓等产业品牌为后盾，办起了一家家比纽扣、拉链等商品更加丰富的"超市"。

一部讲述领跑者的书叙述了一个真实的商业传奇。

邹招斌，出身于桥头镇，这个中学时代任班长，年年被评为三好学生的少年，16岁就随姑父弹棉花到陕西。走街串巷半月下来，身子骨弱小的他实在支撑不住了，向姑父提出："卖纽扣太难，我还是要回去上学！"

这个进取心极强的孩子，读完初中后，又一次向贫穷的命运抗争。1986年中秋时节，随同表哥王新亮乘坐火车来到了内蒙古集宁市。冬日的集宁，"千里冰封，万里雪飘"，邹招斌在一位开服装公司的上海老知青的关照下，卖出了2000元的纽扣，淘到了"北漂"的"第一桶金"……

世纪之初，邹招斌办起了内蒙古维多利集团公司。今天，维多利已成为内蒙古"双百亿工程"重点扶持企业。从一座商店孵化出十七座商店，从一个城市复制到十个城市。商业面积80万平方米。维多利时代城、维多利新时尚、维多利摩尔城连接起呼和浩特市三大主要商圈。入夜,维多利使呼市流光溢彩,风情万千。

从"杏花春雨江南"的桥头镇,来到"骏马秋风塞北"的内蒙古,邹招斌们续写着新的"纽扣人生"。

## 从"弹棉郎"到"棉花王"

走出永嘉闯天下的人群中,活跃着一群"弹棉郎"。这让人想起"敲起三棒鼓,流落到四方"的景象,没想到的是南方人也在"走西口"。他们早就开始了把压成板结的棉絮重新弹松再使用的"循环经济",每天没有确定的目标,只为生机日出而作,日落而息。尽管是饱一顿、饿一顿的流浪生活,走村串户,上街赶场,追星赶月,"弹棉郎"仍坚持走在天涯路上。

金衍棉就是这样一个永嘉人。

他天生聪明灵秀、勤奋好学。早在20世纪80年代初就辍学外出弹棉花,先后去过新疆、湖南、湖北。城市山村,四季轮换,酸甜苦辣,颠沛流离,但讲起棉絮的加工、销售,却头头是道,透着几分自豪与自信。似乎我非弹棉郎,俨然一位"弹棉王"。

内心深处,金衍棉萌生起自己的"人生梦"。

纺织与中国人天生有缘。学术界与专家已经确认,在浙江湖州市城南7公里的潞村古村落——钱山漾发现的丝织品遗存,距今已有4200至4400年历史的织物,被认定为我国当然也是世界的丝绸之源。从此，中国的先祖们前赴后继，大路通天，从陆路和海上走出了以丝绸命名的通商之路；从此，使节相望于道，商旅不绝于途，在唐朝长安有了从事国内贸易的东市，有了从事国际贸易的西市，人们开始"买东西"；从此，在20世纪后叶，纺织服装为改革开放后的中国，淘到了"第一桶金"。就是现在，纺织与服装仍是我国各产业中，创造外汇顺差的重点行业之一。

改革开放春风拂面，纺织大潮起于"青萍"。名字中带有"棉"字的金衍棉，从"棉"字衍变、升华、创变，致力于高歌猛进的创业：1988年来到四川，开始了从丝绸到棉纺的发展，成立金泰纺织集团；在四川南充市南部县投资数亿元建设五星级酒店；进军批发、零售领域，在自贡、广汉、旺苍建立"温州商城"、购物中心、连锁超市；成立房地产公司，在四川、山西、江苏和永嘉县家乡开发房地产和商业地产；在新疆克州、阿克陶等地开发农牧业、成立金泰棉业有限公司、建设轧花厂，等等。金衍棉依法经营、诚实守信，在创建企业效益的同时，注重社会效益，先后在汶川、雅安等抗震救灾、捐资助学、扶危济贫，捐助款物达1000余万元。与事业成功相伴而行，金衍棉学业增进，致力于精神境界的升华，树立起人生崇高的价值观。他多处兼职温州商会领导职务，是四川省第十二届人大代表，2008年成为一名光荣的中国共产党党员。

一路风雨，岁月如歌。金衍棉还在路上，实现着他从"弹棉郎"到"棉花王"企业家的衍变。

扣对了人生第一颗纽扣之后，从永嘉走出去几十万人，这些曾经的养蜂者、弹棉郎、纽扣人，有的成了四川的大商人，有的成了新疆的"棉花王"，有的成了青海的道德模范，有的成了深圳的"表王"，有的走到了国外……他们总是行走在路上。望着他们生生不息前行的背影，永嘉人正在中国、在国外创造着数倍于家乡的国民生产总值，让我在心中油然升起敬意。

秋日的永嘉，天蓝水碧。楠溪江畔，层林尽染，倩影如洗。远处山峦中蕴藏的忠君爱国故事有了全新的演绎，那耕读小院曾有的朗朗书声，正奏响起新时代的交响乐……

（作于2016年3月）

# 天不能死地难埋
## ——忆汶川大地震中的中国商务工作者

2016年5月，是四川汶川大地震八周年祭。邻近5月，漫天的杨花柳絮，飘飘洒洒，好似晚春的雪花，似报春、似祭奠，把我的思绪拉回到那场震惊中外的大地震中……

2008年5月12日，川西坝子，天上原本风和日丽，大地春光明媚，安静祥和，一派生机。天府人如往常般熙来攘往，过着和平的生活。下午2点28分，随着一阵剧烈的撕扯晃动，一场罕见的大地震猛然爆发了。天在摇，地在动。山体移位，巨石飞滚，房倒屋塌，突然降临的灾难把无情的魔爪伸向了无辜的人们。

人们惊呆了！世界为之震惊！

那时节，根本无法弄清灾情，灾区人民的生命财产损失，只能从中断通讯的险状中去想象。万千儿女生命遭难，祖国母亲心急如焚。两个小时后，共和国总理率团飞赴灾区，我心里顿觉一热："这么快的救灾反应，应该是'世界之最'。"那时我正带领政协经济委员会的一个考察团，在安徽合肥调研，作为一个成都人，更感切肤之痛。心想：灾区地陷了，但，天塌不下来！

党政军民学,东西南北中。像大海在呼喊,像万马在奔鸣,全国人民发出了山呼海啸般的声音,挺住!挺住!

那一刻,我们都是汶川人,我们都是四川人!

如今,震灾已成历史。八年过去了,共和国曾下半旗为逝者致哀,亿万人都出力捐建,曾经的灾区山河面貌已然剧变,实现了历史性的跨越。抗震救灾感人肺腑的事迹,已有宏篇巨制的报道。丹青难写是精神!在刻骨铭心的记忆中,难忘"东汽",难忘"红旗连锁",抗震精神永不灭!在此,撷取两朵红花,献给今天奋斗在工业、流通领域的同伴,献给中国的商务工作者们。

### 汉旺东汽,凤凰涅槃

绵竹,是源远流长的巴蜀文化中一片神奇的土地。

巍峨的龙门山下,美丽的汉旺镇上,座落着我国重大技术装备龙头企业——东方汽轮机厂。20世纪60年代中期,共和国的决策者们从长远战略考虑,决定在这里布点建设。从此,一群共和国的骄子和热血青年,齐聚汉旺,夜伴青灯,日战酷暑,挥洒热血,奉献青春,在荒僻的绵阳小镇上,建起了一个工业的脊梁——"十里东汽"。

这是民族的骄傲。

谁曾想,"5·12"特大地震,把这个祖国的重装骄子瞬间陷入了灭顶之灾,汉旺镇钟楼的时钟永远定格在下午2点28分。

灾难发生时,大地颤抖,群山崩裂。随着一阵阵震耳欲聋的轰鸣

声,山倒楼塌,喷涌起一片又一片蘑菇云,《南方周末》一篇《十里东汽皆掩泣》的灾情报道写道:

"一栋栋楼房开始倒塌,天空被浓浓的烟尘完全笼罩,已经看不清太阳,没有风,只有大地在颤抖、天空在轰鸣。整个感觉,犹如末日来临。几分钟后,广场上到处挤满了脱离险境而惊慌失措的东汽职工和汉旺居民。几乎所有人在那一刻都不约而同地掏出手机给家人打电话。然而,他们全都失望了:所有的电话都打不通。惊魂未定的人们随即开始使用最原始的方式寻找自己的亲人和同事,他们一边在厂区的大路上来回奔走,一边声嘶力竭地呼叫自己家人或者同事的名字。当有人幸运地在人群中发现自己的亲人或者同事时,便紧紧拥抱在一起,随即开始呼喊下一个名字。而更多的人,在连续多次的呼喊没有回音之后,开始绝望。他们像一具具木偶一样,茫然地来回奔走。……"

"那是真正令人彻底绝望的30分钟,人们都感觉出什么是极度的惊恐,极度的孤立,极度的无助。"

从东汽到汉旺镇,抬头望去,满目疮痍,一片凄凉,失去亲人的人们相拥而泣,嚎啕大哭,悲伤欲绝,大地一片悲声。东汽是汶川地震中损失最大的央企,东汽辖区内600余人不幸遇难,1000余人受伤,6000余户职工住宅受损,2000多台设备损坏。但是东汽未灭!东汽人擦干身上的血迹,掩埋好亲友的遗体,又开始战斗了。

组织起来,抗灾自救,抢救被掩埋的亲人;组织起来,救助重创的伤员;组织起来,安排好灾民的生活……

领导来了，军队来了，志愿者来了，……，东汽重新挺立起来。

三年后，来到汉旺。已然残破的钟楼时钟依然停留在那个撕心裂肺的时刻，静卧不语的龙门山，掩映在一片雾嶂之中，难见真容。原本数米开外的山脚已经紧贴报废的车间墙根，山体移位了，可见当年大自然力量的狂野。倒塌的楼房仍然顽强的挺立，没有全倒，楼间的道路清理得非常干净。随风摇曳的杨柳，牵衣挂袖，好像在向人们诉说着什么……

纪实报告文学《浴火重生》中讲述了这样一个神话故事：

相传在南岳的山上生活的一种神鸟，它们的身上都披着一种火红色的羽毛，远远望去就像燃烧在苍翠山巅的团团烈火，人们称这种精灵般的神鸟为"朱雀"，民间称它为"火凤凰"。据说，它们会在自己大限到来的时候，"集梧枝于自焚，在烈火中新生，其羽更丰，其音更清，其神更髓"。

迈着轻轻的脚步，我们再去探望东汽。

如今的东汽已在德阳市如彩虹般重现，把神奇写满蓝天。东汽没有在烈火中化为灰烬，而是在炼狱中凤凰涅槃，浴火重生。这些曾经奔三线，创基业，喝沟水，住古庙，在荒滩上献青春的创业者，已将接力棒传到了新一代创业者手中。年轻的东汽人续写着新的神奇。老一辈曾经走出的"优化发展火电，积极开发核电，深度开发气电，大力发展风电，全力推进太阳能开发"的道路正在新时代延伸。创新、协调、绿色、开放、共享的发展理念正深度融入东汽人的实践中。

埋葬在龙门山下亲人的生命，正在新一代东汽人身上延续。每一个经济数据表达的成功，都饱含生命的基因，在生生不息的传承。

撼山易，撼东汽难！

**压不弯的脊梁，震不倒的红旗**

在中国商业联合会会议室的墙上挂着四幅英模影像，他们分别是：焦裕禄、雷锋、张秉贵，第四幅是成都红旗连锁股份有限公司都江堰蒲阳路便利店的职工，在汶川大地震中，戴着头盔坚持营业的照片。图片上红旗连锁店屋顶盖瓦已大片掉落，在可能继续坠落的"见天屋"外，头戴安全帽的"红旗"员工们，仍在坚持营业……

"红旗连锁"是四川省内分布最广的地方商业流通企业，以超市业态为主，有员工16000余人，2300多家连锁超市，诚信兴商的理念使红旗连锁成为群众日常生活中喜爱和信赖的"好邻居"。

大地震发生时，红旗连锁是距灾区最近、也是灾区分布最广的流通企业。

突如其来的灾难，摧毁了山河，改变了地貌，也改变了人。那段难以忘怀的历史"闪回"出如此之多的景象：昔日供应"柴米油盐酱醋茶"的超市，大灾中连锁店成了保障供给的生命线；素不相识的人们就像久别的亲人般倾诉自己的心声；头戴安全帽卖货的小姑娘脸上看不到胆怯，而是自豪与自信，到处传扬着"义薄云天""诚贵金石"催人泪下的故事……

5月13日凌晨3时，大地震发生12小时后，红旗连锁将数十万元食品、饮料运抵都江堰抗震救灾指挥中心；

5月13日清晨，红旗连锁向四川慈善总会捐赠100万元，成为最早向灾区献爱心的企业之一；

5月20日，四川省人大代表、红旗连锁党委书记、董事长、总经理曹世如个人向灾区捐款20万元，21日再捐10万元，26日交"特殊党费"50万元；

5月14日—30日，红旗员工累计向灾区捐款40余万元，之后，依然捐助不断；

红旗连锁配送中心职工三天三夜连续工作，仅灾后六天内就协助相关部门运送救灾物资及商品4000多吨；

红旗连锁在震区新开便民店数十家，开通灾区流动售货车10余辆；

在"有爱说出来"的大型群众诗歌朗诵会上，红旗连锁10名员工集体朗诵由曹世如写的诗歌《我可爱的小宝贝》，观众掌声雷动，呐喊声与泪水交融；

"六·一"到了，端午节到了，红旗人亲赴学校、灾区、部队驻地慰问。在聚源中学，看到残破荒凉的校园，听到教师拯救年幼学生的事迹，曹世如大声鼓励群众："大家一定要坚强！"但此刻，被人称作"侠女"的她却泪如雨下。

……

这里有永远讲不完的真实故事。

四川人、台港澳人、中国人、外国人都行动起来了。铁流滚滚，车马萧萧。组成的人流、车流、物流的洪流，在向灾区奔涌。

队旗、团旗、军旗、党旗、国旗，处处都能看到的红旗，带领着万千儿女奔忙在救灾第一线。

压不弯的脊梁，震不倒的红旗。

**起来！起来！**

人，是要有精神的！

在人性闪光的时候，私利是那样的苍白无力。

当大自然向人类发起挑战，当灾难突然降临，当困难和不幸不期而至，每个人都会面临考验。这时，最容易想起的是国歌："起来！""把我们的血肉，筑成我们新的长城！"挺住！不屈的脊梁！奋起！坚强的民族！

如今，汶川大地震已过去八年，山河发生了巨变。生生不息，精神不死，生命在新时代续写着新的礼赞。此刻，马识途先生在灾后疾书的诗歌，仿佛仍然在高喊：

"炎黄子孙同奋起，气若长虹势如雷。

军民星夜奔震区，舍生忘死施大爱。

万众一心呼"挺住"！高唱"起来"又"起来"。

严冬过去是新春，风雨之后见虹彩。

中华雄魂经磨砺，天不能死地难埋。

凤凰浴火庆新生，地震其奈我何哉！

（作于 2016 年 5 月）

## 安德利的守望

美国著名现代管理学大师彼得·特鲁克曾就企业管理提出过三个疑问：我们的企业是什么？我们的企业将会是什么？我们的企业究竟应该是什么？

这些对企业管理现状、未来和规律的探索，引起了从事企业经济管理者广泛而深刻的思考。当特鲁克以96岁高龄辞世时，《人民日报》曾发表文章，纪念这位受人尊敬的世界现代管理学大师。

安徽安德利百货股份有限公司董事长陈学高，就是这样一位思考者与践行人。

**痴情的商业人**

陈学高出生于大炼钢铁后的1958年。因为背负着沉重的家庭出身包袱，16岁受过中学教育的他回乡务农，20岁时当上了民办教师。由于父亲曾在庐江县百货公司工作过，这位年轻人朝思暮想地盼望成为一名国有企业正式工人，以便端上老无所忧的"铁饭碗"。1983年，他考入庐江县百货公司，第一份工作是搬运工。从此，子承父业，陈学高走上终生无愧的营商之路。

难忘的1983年，改写了他的人生之路，也影响了他的一生。

1983年，庐江发洪水，陈学高因为随领导下乡救灾的汇报材料写得好，受到大家认可。从此，这位工人身份的人干起了干部的工作。当时，陈学高所在的庐江县工业品贸易中心已经从炙手可热的商业"香饽饽"变成了严重亏损的企业，几经选任，企业面目依旧，无人问津。1988年，国企公开招标承包，"以工代干"的他，先后出任副经理、经理。其间，组织上曾选派他到县外经贸委主持工作，因他仍挚爱商业，坚辞不做，又改任为县商务局副局长。直到1997年，他被任命为县长助理，仍然是"以工代干"的身份。

1999年，陈学高被推举为分管商贸的副县长，才正式成为国家公务员。原以为他是官员"下海"经商，其实是"以工代干""由商入仕"成长起来的"草根"副县长。尽管道路曲折、"以工代干"，但组织上始终关心着他的成长。

当了副县长的他，仍念念不忘商业。为庐江县商业长远发展考虑，县委改派他去任县政协副主席，在干了两届之后，他又回到安德利担任董事长、总经理。

记得一位哲人曾经说过：历史喜欢捉弄人，历史喜欢和人们开玩笑。有时候，看起来是进了这个房间，其实却进了另一个房间。而陈学高却始终专注于初进的"房间"。

"商业，已经成为我生命的一部分，我离不开它。"陈学高说。

这是他可以自由飞翔的蓝天和纵情搏击的海洋。

他长期坚持写市场调研报告，使他知商业、爱商业，甚至到了痴情的状态。在这片希望的原野上，他已经敏锐地察觉到，大发展的浪潮即将来临。

**改革，走在前列**

陈学高的身上似乎有着天然的市场经济基因，每一次重大的改革举措，他都冲锋在前，走在第一方阵。

1991年底，庐江县工业品贸易中心严重亏损。此前，陈学高正在家里接受组织审查，经历着人生又一次低潮。就在此时，他又被职工以95%的高票推荐为副经理。银行不贷款，职工发不出工资，企业几乎面临绝境。陈学高受命于危难之时，又以工人身份出任经理。他也曾静夜深思，辗转反侧，难以入眠。他要在灰溜溜下去和闯出一条生路之间作出选择。后来，他说服上海、浙江商人赊销500万元的服装，在庐江办起首届服装节。那次服装节是一次"柳暗花明"的盛会，绝处逢生的突破使他和职工们都看到了希望。

1992年，国家确立了社会主义市场经济体制。原商业部在重庆召开会议，提出商业将在"经营、物价、用工、分配"方面"四放开"。陈学高从报纸上看到这个报道后，率先给县政府打报告获准试点。曾经朝思暮想十分羡慕"铁饭碗"的他实施减人增效，首先端走"大锅饭"。在上半年仅200万元营业收入的基础上，最终全年营收

1020万元，让政府和职工都深受鼓舞，改革初战告捷。

1996年，庐江县安德利贸易中心成立。新企业立志以"安徽商人、以德经商、消费者利益至上"为宗旨，明确了企业的商业文化和发展方向。

2002年，企业由国有改为民营。48个合伙人联合出资收购国企。之后，他们又走出庐江，并购、扩建巢湖购物中心。

当业务拓展到和县、无为、当涂县以后，安德利百货股份有限公司已有20万平方米左右的自建经营面积和相应资产，2016年在上交所挂牌，完成了向现代法人治理结构的转型。上市后，安德利居然实现了连续十几个涨停板，受到市场的认可。

不忘昨天，不愧今天，不负明天。安德利对改革开放的坚定执著，使它在盛开的商业百花园中灿烂绽放。

**挑战中的坚守**

安德利人说：没有强大的对手，自己也不会强大。

安德利一直面临着"自营与联营""电商与实体"的抉择和挑战。

商业，是从事价值交换的产业。市场，是进行价值交换的场所。经济学的这些经典表述，始终揭示出了商业与市场的本质特征。

"自营"与"联营"之争出现在世纪之交的商贸流通领域。这是我国商贸业面临的又一次重大冲击，争论持续时间长，涉及范围广。所谓"联营"的方式是从近邻日本传来的，尤其在百货业态被广泛流行。商家"引店入场",统一管理,按销售收入的一定比例收取相关费用,不少人把这些商场兴办者称为"二房东"。这种经营方式收费名目较多,早期管理也不够规范,采购专业队伍流失,失去了传统的"采购权""质量控制权"和"定价权",应对各种市场冲击与挑战的能力较弱,从兴办初期就充满争论。商务部等主管部门不断行文加强管理,目前存留下来的已经逐步完善和规范。

"优胜劣汰,适者生存"的"丛林法则",对各种商业模式在平等地进行"拷问"。

安德利选择并坚守"自营"模式,即传统的"买来卖"。这种方式的主要好处,一是可以全面管控质量,二是掌握定价权,三是可以快速作出反应,满足消费者的需求,四是可以面对面地实行"有温度"的服务,五是抗冲击能力强。

世纪之初的第二次冲击源于电子商务。基于互联网等信息数字技术的广泛运用,电子商务利用价廉、便捷的优势发展突飞猛进,形成了"井喷"式的增长,在法律缺失、初期也难以立法的状况下,电子商务与实体零售在税收、租金等方面存在着事实上的不平等竞争。百货店、购物中心虽以体验经济积极应对,但是部分实体店仍然关店倒闭。

安德利没有"怨天尤人"。他们认识到电子商务正推动实体零售进行着一场"自我革命"。

他们坚守自营商业,坚守实体经济,同时,以积极的态度运用互联网为代表的数字信息技术。他们强调"用网"不"建网"。如果要

"建网"，也要在互联网技术的支持下，以公益网络为基础，建好自己的"商业网"和"物流网"，使线上线下实现"全渠道"融合。

以数字、智能化为代表的第四次工业革命已经来临，商贸流通领域应当满腔热情地拥抱它、适应它，但不要神话它。"物竞天择"、适者生存的市场竞争日趋激烈。我们从达尔文《进化论》中可以悟出其中的道理：

并不是那些最强大的物种必定会生存，也不是那些最智慧的物种一定会得以存留，只有那些最能适应变化的物种最有可能繁衍不断。

国企、民营、现代企业制度，陈学高是否在回答德鲁克的疑问？

实体、自营与电子商务融合，安德利结合自己的实践在前行！

实体经济，国之根脉。发展，是坚守的硬道理。

安德利在深耕传统实体百货的同时，汽车销售、酒店业务正在培育发展之中。增加自营比例，扩大自主品牌，实现标准化管理，到省会合肥拓展，向长江沿岸延伸，五年实现100亿元的营收目标，安德利走向未来的蓝图已经逐步清晰。

理念引领行动，方向决定未来。继续前行，安德利定会有阳光丽日，也会有风雨关山。路漫漫，求索难。陈学高和他的安德利仍然走在赶考路上……

（作于2017年8月）

# 石浦欢歌

在雨雾朦胧中,我们初访石浦。身后群山,是满身绿装的象山。山似象,象成山。眼前是万千渔船组成的"军阵",船似兵,兵成阵,只待开渔号令一出,直奔大海。在山海相连的石浦,我们开启了调研之旅。

**走出石浦镇**

这是一个关于石浦人创造餐饮奇迹的故事。

石浦,顾名思义是石头造就的海岸。古城石浦原是宁波象山县海边的小渔村,古城虽小,故事很多。

史传,南宋皇帝巡视时曾夜宿古城,夸赞当地房东为他赶制的花生糕做得好。民国首任教育总长蔡元培游览古镇街景时留下了似俗实妙的对联:"一条大街通南北,两边小店卖东西"。上世纪30年代的著名导演蔡楚生、音乐家聂耳等曾在此实地拍摄电影《渔光曲》。由田汉夫人安娥作词、任光谱曲的《渔光曲》与同名的电影风靡全国。

一曲"爷爷留下的破渔网,小心再靠它过一冬"催人泪下……

这就是石浦古城。

抵达石浦镇时,海边停泊着成千上万的渔船,此时,正值休渔期。据说数月后开渔时,万船齐发,人笑鱼欢,浩荡船队,驶向大海,场面十分壮观。清人有诗云:

> 蜃雨腥风骇浪前,
>
> 高低曲折一城圆。
>
> 人家住在潮烟里,
>
> 万里涛声到枕边。

那年月,石浦海鲜虽名满天下,却只是少数达官富商的佳肴。以海为生、在海中搏命的渔民,过着"鱼儿难捕船租重,捕鱼人儿世世穷"的生活,"爷爷留下的破渔网,小心再靠它过一冬"。

改革开放以后,农民的儿子陈苏林、渔家姑娘李惠飞夫妇把石浦海鲜带到了宁波月湖湖畔,开启了兴业的历程。

## 创业月湖畔

宁波饭店烹饪协会会长王文渊告诉我:"在改革开放以来的每一个节点上,他们都取得了成功。"

宁波是天然的商埠之地,历史上曾出过"船王"包玉刚。改革开放以后,"一遇阳光就灿烂,每逢雨露就发芽"的江浙人把市场经济的"种子"撒向了全国。月湖创业的区位优势十分明显,数百米外的汽车站、火车站更是"弄潮儿"集聚的地方。游子从这里走向海内外，又回到这里眷顾家乡。

苏林、惠飞夫妇俩选中的月湖是创业的宝地，乡亲们在这里咪黄酒，尝海鲜，唤起了儿时的记忆，寄托着无限的乡愁。

1988年是小夫妻俩创业的元年。他们告别石浦，在月湖畔的共青路租下了15平方米的一间小铺，白天营业，晚上住宿，像普通的创业者一样，纯朴而平凡，用自己的诚实劳动、兴家立业，赢得了顾客的尊重。

他们的辛劳是不一般的：披星戴月，起早贪黑。夜晚，凌晨之后才打烊；清晨，四五点钟起床。苏林天不亮就去采购，惠飞在家生火做饭，接待早班赶车的客人。夫妻俩以店为家，也为小店营造了家一般的氛围。同样是"咪黄酒、见老乡、吃海鲜"，唯独石浦海鲜饭店门前宾客盈门，排起长队，生意十分火爆。后来，苏林不得不每天上下午各采购一次。石浦饭店无固定开门时间，清晨，旅客一到就开门，一直要吃到汽车、火车开车前的半小时才离开；晚上，旅客不走不关店。就这样，食客变成了常客，常客变成了远近传扬的口碑。红火的场面成为石浦饭店的新常态。

石浦海鲜价廉物美，距离港湾又近，是真正的生猛海鲜，加之苏林厨艺精湛，惠飞真诚待客，小店真的"呵"不住了。接待不了就在门外加桌，加桌容不下就房顶加层，加层仍然不适应，就开始兼并附近的饭店。到后来，共青路小街上的12家饭店全部"改名换姓"，整个一条街都成了"石浦海鲜饭店"。

远近的供应商和顾客已经记不清陈苏林的真名,由于生意红火、繁荣兴盛,苏林被他们称为"阿荣",从此阿荣成为同业的名人。

发展,没有让他们陶醉。知识产权保护意识的萌生,使他们在1993年前后相继注册了海鸥和黄鱼商标。

宁波城市的发展成长,需要对月湖进行统一规划建设,石浦海鲜饭店也必须搬迁。月湖畔,这对小夫妻曾经披星戴月13个春秋的创业之地,留给他们多少魂牵梦绕的思念。告别月湖时,那份难以割舍的眷恋,使他们流下了动情的泪水。

**风雨"状元楼"**

宁波是近代商埠,以英帝国为代表的列强就曾以"五口通商"觊觎此地。然而,宁波还以爱藏书、爱读书而闻名天下。跨越六个世纪的痴迷过多少"迁客骚人"的《天一阁》藏书楼就坐落于此。月湖周边也曾盖楼藏书,这是宁波人喜"读万卷书"的历史佐证,也是挥之不去的文化情结。

从隋唐至明清的科举制在中国实施了上千年,那是莘莘学子当时可以享受到的文化"大餐"。状元文化就是争当第一的文化。据说,中国科举制最后一名状元,就是光绪年间出生在甬城的章鋆。创建于清乾隆时期,至今已有200多年历史的老字号餐饮企业"状元楼"就以"状元"命名。

那是一段寄托着人们美好愿望的传说。相传曾有两位书生模样的举人到此就餐，聪明的跑堂把该店的特色菜"冰糖甲鱼"报为"独占鳌头"的菜名，书生十分开心。凑巧的是其中一位果然高中状元，衣锦还乡之日，重登此楼，挥毫写下了"状元楼"三个字，让店家作为招牌。

"状元楼"屹立于宁波三江口之畔。楼以菜扬名，菜为楼添彩，"状元楼"曾居宁波"六帮三馆"之首。但在世纪之交，宁波旧城改造时，位于东门的"状元楼宾馆"被拆，"状元楼"进入了"冬眠期"。

"何日重登状元楼，伴友把盏话春秋。"宁波人呼唤甬帮菜"形象代言人"的"状元楼"回归。

2008年夏秋时节，宁波市贸易局代表市政府将"状元楼"等老字号的使用权托付给了石浦酒店管理发展集团管理。政府支持，企业投入重金再建，使"状元楼"走上了复兴发展之路。

苏林、惠飞夫妻当时引领的企业，如今已是国内著名的餐饮集团。他们聘用中国第一届烹饪大师陈效良为首席大师，精心研究甬菜技艺，形成了炒、炸、熘、烩等烹饪方法30余种，推出了以"冰糖甲鱼""黄鱼海参羹"等为代表的宁波十大名菜。既有"高、精、尖"，也有大众化的菜系，做到了"贫富兼顾、老少咸宜"。重出江湖的"状元楼"以及管理的另一家老字号"梅龙镇"酒家，面目一新，重振雄风，更显兴旺。

人们经常见到的是"状元楼"的风光无限，但刻在创业者心中的却是更多的苦、辣、酸、甜，五味杂陈。惠飞告诉我，初到月湖，曾经历过日进仅2元的阶段；"非典"肆虐时，酒店门前，门可罗雀；制止公款消费后，状元楼的月收入最低时只有73万元，处于入不敷出的状态……

调整结构，勤奋坚守，诚实守信，这对农民儿女总能化险为夷，走出低谷，满怀希望迎接明天的朝阳。

截至2016年，石浦集团已建成石浦豪生大酒店、9家大型连锁店、3家海鲜单品店，营业面积达15万平方米，是初到月湖时的1万倍；餐位2.2万个、客房430间、员工2600人，营业收入6.5亿元。集团已有自己的海产品加工厂、绿色种养基地、职业技术学校。

中国商业联合会、中国烹饪协会、中国饭店协会等相关单位先后授予了石浦集团"国家白金五钻级酒家""中国餐饮百强企业""中国十佳餐饮企业"等荣誉称号，省市相关单位授予的荣誉称号和奖项更是数不胜数。

20世纪30年代"爷爷留下的破渔网"，如今已进入"石浦古城"博物馆。面对风雨状元楼，石浦人唱起了新时代的欢歌。

当初，创业月湖畔，重振状元楼，他们永不言败勇敢地前行，也曾收获过鲜花与掌声。如今，玫瑰花又在向他们微笑，各种荣誉蜂拥而至，而当问起未来有何考虑时，夫妻俩却陷入了沉思……

"我们最需要的是人才，尤其需要职业经理人"，惠飞说。集团的不断壮大，使他们感到了新的瓶颈及忧患，原有的管理体制和管理方式需要转型，水平亟待继续提高。夫妻俩把儿子与儿媳送到新加坡开了一家酒店，儿子在英国留学时的专业就是酒店管理，这显然是前瞻性的思考及安排。

与苏林夫妇一起重访月湖时，竟然偶遇当年的房东，惊喜中急不择言地问候与交谈，让他们一起沉浸于20年前的创业岁月中。依傍在月湖藏书楼边的宁波二中，显得越发宁静，那绿树丛中穿林渡水而来的可是孩子们的读书声、笑声和歌声？未来，从这个摇篮中走出去的，定会有更多新一代的创业者。

苏林、惠飞走过了艰苦创业之路，他们取得了成功。如今在数字与智能化的时代，从成功出发，走向未来，难度更大了，要走的路还很长。然而，永不言败的创业精神应该是开启前程的金钥匙。

石浦人，唱起新时代的《渔光曲》，请送给他们由衷的祝福吧。

（作于 2017 年 8 月）

# 走进沐浴业

公元79年8月24日,意大利维苏威火山大爆发。居于意大利西南的庞贝古城倾刻间被灼热的岩浆和火山灰深埋。神奇的太阳神庙、巨大的斗兽场、恢宏的大剧院、雕花廊柱、繁华闹市与众多生灵一起被永远地定格在这一天。大自然强大无比的神力,瞬间将庞贝古城从地球上抹掉。

1748年,人们开始挖掘这座被灾难毁灭的城市。经过二百多年的发掘,庞贝古城逐步显露真容:城门、塔楼、花园、民居、街道、广场、市井、水道,揭开了庞贝这座繁华兴盛、商旅云集的古城真容。

在地中海边的这座古城中,先后发掘出三座公共浴场,其中尤以斯塔比亚浴场最为古老。马赛克镶嵌的更衣室、游泳池、蒸汽浴室及价值不斐的大理石浴盆,让人惊叹不已……

**跨越时空说沐浴**

这是人类与生俱来的习俗,是人们纵横世界、跨越古今的普遍行为。

流淌不息的恒河，人们企盼荡涤去心灵与肉体上的污垢，寄托着印度民众对未来美好生活的向往；礼拜之前，每个穆斯林都要沐浴净身，以表达对真主的虔诚；基督教的信众，在婴儿时期就给孩子举行"洗礼"……

水，是那样的亲合与柔美，与世无争。水，是每个生灵生命的源泉，是那样须臾不可或缺，无处不在地相伴，使人们似乎感觉不到它的存在。老子说：上善若水。

沐浴，与水相伴，带来神清气爽与无比的惬意。世界沐浴，尤以芬兰桑拿与土耳其浴最为有名。

芬兰桑拿，起源于古代芬兰部族，据考证，公元前一世纪，桑拿风俗已在部族间形成。掘坑、烧石、浇水、造气，以缓解肌肉疲劳。芬兰人不仅将其用于洗浴，也是重要聚会场所，甚至连分娩、煮饭、制衣、照顾病患及殡葬等日常活动也在桑拿屋内进行。20世纪前后，欧洲大陆掀起改善城市公共卫生运动，奥地利、挪威、荷兰、法国等国家纷纷开始关注桑拿。1936年柏林奥运会时，芬兰运动员良好的身体素质给各国留下深刻印象。从此，欧洲大陆各国纷纷建立桑拿协会，芬兰桑拿席卷欧洲并逐渐向世界传播。

时至今日，桑拿蒸气浴室仍然是芬兰人重要的交际场所。这个冷热交替、让毛孔开合的"运动项目"，家家必设，酒店必建，是交朋会友、洽谈业务聚会之地，也成为芬兰的政治家们向世界推广的深受欢迎的项目之———"桑拿外交"。

土耳其浴，也用蒸汽但更注重水浴。相传源自古罗马人的洗浴习惯。奥斯曼帝国时期，伊斯坦布尔地区建造了许多浴室，土耳其浴成为土耳其文化的一个组成部分，延续至今。建于1714年的恰阿奥卢浴室，是土耳其最著名的浴室。因英国画家汤姆斯阿隆绘制的《恰阿奥卢浴室》铜版画在欧洲广为流传，使恰阿奥卢浴室成为土耳其浴的象征。奥斯曼帝国时期公共浴室曾是聚会的场所。现在进行土耳其浴时，先后经过发汗、沐浴、搓洗、按摩、修须、修甲等阶段，然后结束洗浴。随着土耳其社会的现代化，居民家庭洗浴设施已经基本普及，而SPA等休闲沐浴仍在蓬勃发展。

现在，土耳其文化和旅游部计划将其丰富的地热资源和传统的土耳其浴文化相结合建设温泉度假酒店品牌。土耳其浴室依然是老一代土耳其人沐浴和社交群体聚会之处，同时也是各国旅游者感受土耳其历史文化的去处和观光体验之地。

此外，日本、韩国温泉，泰式洗浴等也深得本国民众和旅游者的青睐。

## 飞入寻常百姓家

相传我国早至殷商、晚至明清一直有关于脚病及其治疗的记载，但是沐浴有"业"无"行"，散存于民间、草野，自生自灭，未成行业。

虽然人们无不喜爱洗浴，但在相当一个时期，中国温泉浴只是皇亲贵胄、达官贵人的独家享受。诗人白居易在《长恨歌》里就曾经写道："春寒赐浴华清池，温泉水滑洗凝脂。"

光阴荏苒，斗转星移。时光流转，进入20世纪后半期，新中国为解决广大职工的洗浴，曾建立起为数众多的公共浴室，机关、单位内的浴池是职工福利的组成部分。城市兴办的公共浴池，是社会公益事业，各级基层财政在预算并不宽裕的情况下一般都会给予补贴。改革开放以后，随着"居者有其屋"的逐步实现，洗浴，已成为人们日常生活中不可或缺的重要组成部分。

"旧时王谢堂前燕，飞入寻常百姓家。"

中国沐浴业，这个解决了上千万人、尤其是农村女青年就业的行业，成长不易，艰难困苦，一路坎坷。

初创时期，有的企业走了弯路，修脚器械不消毒，按摩技术不规范，还有人经营时涉黄。

洗脚妹不敢说籍贯，对家人不敢吐真言，问起在外打工干什么工作时，随便讲一个"体面"的岗位，文秘、公关、美容师什么的。

经营场所"脏、乱、差"，经营地点或选在地下室，或选在集市边，或选择在管理薄弱的偏僻地、城乡结合部。

有的管理者把沐浴业简单地归类在"娱乐业"，大多数被归类于让人狐疑不已的"特种行业"。消费者走进之前心怀忐忑，仿佛走在即将犯错误的边缘。

……

整顿与规范是必要的，因为那是行业健康发展的必由之路，是维护消费者权益的必然选择。

商务部出台了沐浴业相关法规和标准，各业务部门联合治理。依法治企，依法管理行业，沐浴业走进了行业发展的春天。

这是一个需要自律与规范的行业，也是一个需要理解和关心的领域。

**走向健康服务业**

行业发展的生命力，重要的不是起点，而是在向着什么方向前进。

中医中药，国之瑰宝，望、闻、问、切，辨证施治。与中医中药学相结合的沐浴业，正走向一条独具中国特色的沐浴业发展之路。

人民群众对养生和健康的追求，呼唤着沐浴业向现代健康服务业方向发展。

只有发展中国家才可能形成的劳动密集型产业优势，在改革开放的时代，逐步形成，迅速成长。中国沐浴业界的一群"启明星"群星闪耀，实现了一系列历史性突破。

李凯，北京权品品牌管理有限公司董事长，坚持与中医、中药学结合，精心培育品牌，致力于发展现代健康服务业。与清华大学健康传播研究所、互联网企业、医疗机构及北京海淀社区横向联合，打造社区健康服务站，引领传统沐浴业向现代健康服务业方向发展，连续数届被行业推举为中国商业联合会沐浴行业专业分会会长。

赵义伟，从20世纪末开始投身商海，创办以洗浴为主的公司，并率先在北京、鞍山等地开办设施世界一流的洗浴企业，成为行业的开拓者之一。

胡芝荣，长江之滨走出来的"洗脚妹"，曾经经历砖窑挑砖、越南贩猪、深圳打工的艰苦岁月。如今，已成为"郭氏按摩手法"重庆市非物质文化遗产技艺传人。定标准、办学校、拓市场，使富侨重庆控股有限公司发展成为全国最大的沐浴企业。后来在澳大利亚上市，成为中国足浴海内外第一股。

陆琴，瘦西湖畔扬州女，"三把刀"的女传人，顶着闲言碎语的压力，把修脚当成"肉上雕花"的艺术，使"陆琴脚艺"成为全国第一个足部护理行业商标。成思危副委员长曾为她题词：勤劳敬业，脚艺专精；人民代表，德艺双馨。

史蕾，华夏良子的掌门人，女承父业，在率先通过ISO9000国际标准质量认证后，旗下已拥有300多家连锁店，遍布国内100多个城市和欧洲部分国家。英国伦敦，德国柏林、巴特基辛根，芬兰赫尔辛基，荷兰海牙、拉普彭坦，挪威奥斯陆等城市均有她们的门店，是第一个成规模走出去并受到我国国家领导人海外接见的沐浴企业。

刘丽，这个瘦弱的安徽姑娘，难忘家贫辍学的苦痛经历，用自己当"洗脚妹"微薄的劳务所得，助弟妹、助社会的穷孩子读书。发起建立"丽行公益慈善会"，与爱心团队的同事和姐妹们一起，先后捐资助学近百万元。成为2010年感动中国十大人物，被誉为"中国最美洗脚妹"。在成为第十二届从安徽省当选的首位农民工全国人大代表后，出席了有习近平总书记参加的座谈会。"总书记问我，全国'洗脚妹'群体有多少人？我回答说，据非官方统计，大约有1200万"。谈到那次令人难忘的经历，刘丽感慨万千，激动不已。

节假日给老人送温暖，给环卫职工免费洗脚，杭州、南京、西安、扬州，沐浴业界有讲不完的故事……

"没有花香，没有树高，我是一棵无人知道的小草……"当我们唱起"小草之歌"时，常想起那些普通而平凡的人，他们与她们用自己诚实的劳动，赢得了人们的尊重。

他们与她们并不怕苦和累，在通往现代服务业的征途中，努力传递爱心，改变命运，走在创新、创业的道路上。

沐浴业的未来，发展仍有坎坷，前途任重道远。

沐浴业，正走在健康服务业的大路上。

沐浴人，都有一颗芳草心：

"春风啊，春风，你把我吹绿，

　阳光啊，阳光，你把我照耀，

　河流啊，山川，你哺育了我，

　大地啊，母亲，把我紧紧拥抱！"

（作于2016年8月）

# 中国服务:"北京宴"与春天的约会

## 一、悠久的历史

中国服务业尤其是生活服务业的原始形态,有着久远的历史。

市场,史载,早在炎帝时期就有互通有无的市场,服务于人们互通有无的生活。"神农氏作……日中为市,致天下之民,聚天下之货,交易而退,各得其所"(《周易·系辞下》)。

商人,居于黄河下游的商部落,远祖叫契,与大禹同时代,其子孙相土及王亥,"驯马服牛",成为我国历史上最早一批生活服务者——商人的杰出代表。

货币,作为服务于商品交换的一般等价物,初期是物物交换。后来发展为贝币,夏朝为黑贝,商朝重白贝,周朝崇尚赤贝。之后,出现各种铸币。直至宋朝,于现在的成都出现世界最早的纸币,取名"交子"。三晋之地的山西是我国"汇通天下"近现代金融服务业的发源地。

通讯,作为服务行业的一个门类,早期或步行送信,或鸿雁传书，或驿站快马。"烽火连三月，家书抵万金"。"一骑红尘妃子笑，无人知是荔枝来"。唐代经济改革家刘晏强国富民的主张是既注重发展官营经济，也重视私营经济，其调剂余缺稳定市场的主要手段就是重视信息，他是商情服务网建设的先驱。

国际贸易，往来源远流长，为跨区域的商品交换服务。两千一百多年前，我国汉代的张骞两次出使中亚，开启了中国同西域各国友好交往的大门，被伟大的史学家司马迁称为"凿空之旅"。唐朝长安是当时世界上最大的国内国际市场，分别成为"东市"与"西市"，其中西市因域外商品及商肆众多、繁荣至极，又被称为"金市"。"买了东市买西市"，"买东西"就因此成为购物的别称。诗仙李白有诗云：

> 五陵年少金市东，
> 
> 银鞍白马度春风。
> 
> 落花踏尽游何处，
> 
> 笑入胡姬酒肆中。

中国生活服务业从历史走来，正向未来奔去。

## 二、世界潮流

加快发展服务业，是人类实现经济社会现代化的共同规律和大趋势，是现代经济的重要特征和世界潮流。

从发展趋势看，世界先后崛起的九个经济大国，即荷兰、葡萄牙、西班牙、英国、法国、德国、美国、俄罗斯和日本，几乎都走过了农业经济——工业经济——服务型经济的发展之路。所有在不断成长中的国家，也都在继续走着从农业起步，到工业进步，直至服务业发展的道路。如果按产业增加值占比排序，那么，从一、二、三产业排序，发展到三、二、一产业排序，人类整整走过了数千年的漫长历史。

经济学的发展史上，有几个重要的时间节点，与三次产业概念的提出密切相关。

在1700年时，世界正在工业革命之初，那时各国都大体上处于农业社会时期。

1776年，被称为西方经济学"圣经"的《国富论》首次出版，这是经济学作为一门独立学科诞生的标志。作者亚当·斯密着眼于对尚未出现工业革命的世界经济进行观察，首次系统分析了国民财富产生、分配与持续运转的内在规律。

1867年，卡尔·马克思写作的《资本论》第一卷出版，他的剩余价值及资本主义危机理论深刻地揭示了资本主义内在的矛盾，至今仍然闪烁着真理的光辉。同时，伟大的导师马克思也把"知识就是力量"的脑力劳动创造的更大的价值，以及服务劳动创造的价值，留给了后来的人们去研究。

20世纪初，确切地说是第一次世界大战发生以后，才开始出现物价剧烈地波动，并出现通胀与通缩，在此以前物价基本稳定。

1934年，出现国内生产增加值即GDP的概念，并据此进行统计。1934年1月4日，美国商务部内外贸易局向美国国会金融委员会呈递

《国民收入报告（1929-1932）》，这一天被视为GDP的生日。

直到20世纪中期才形成三次产业的概念，并开展相应的统计工作，服务业成为工农业之外所有产业的总称，尤其在发达国家得到快速的发展。

在经济学发展史上，对像中国这样，有13多亿人口、用四十年的时间、发展为世界经济大国的实践和理论研究，如此大规模快速发展的样本在世界上还从来未出现过。中国制造，中国服务，这些史无前例的巨大标的，都将纳入中国特色社会主义道路的实践和理论，为丰富经济学创造了前所未有的发展空间。

### 三、中国服务："北京宴"与春天的约会

中国服务，开始萌动生机勃勃的幼苗，这是在希望的原野上，与春天的约会。

在联合国统计的全部工业门类中，中国制造的门类是唯一最完整的，其能力已达到世界的大约四分之一，但总体上我们还处在中低端。迄今，继续在优化升级，走向世界。

中国服务正在茁壮成长，近年来，生活服务业经历了"过山车"一样的感受。

几年前，"八项规定"出台，公款消费被禁止，那时，几乎所有的餐馆都受到了不同程度的冲击，"门可罗雀"，部分企业不知所措，高端酒店受冲击更大，有的甚至关门歇业。

世界上有哪个国家是靠公款消费来维持经济繁荣的？道理明白易懂，答案不言自明。好在商贸服务业已经完全市场化，这一记猛药治沉疴，带来了餐饮业的"凤凰涅槃，浴火重生"。

"北京宴"就是探索中国服务的一个典型。

杨秀龙，来自山东青岛，这位有着二十多年餐饮业管理经历的中青年才俊，从困境中奋起，兴办"北京宴"酒店，率先举起"中国服务"的旗帜。他悟出了餐饮服务业必须以顾客为中心，从事"心贴心"服务的真谛。

"北京宴"倡导"视顾客为亲人"的文化。每个雅座房间都布置得典雅别致，中式西式，怀旧与现代，各具特色。每当客人莅临，老人会惊喜地发现本人"风华正茂"的青春倩影；朋友相聚常因看见自己发黄的旧照而忆起逝去的年华；新婚的伴侣会看见桌上甜蜜的祝词；生日宴上的长寿面、温馨果、曼妙的"生日快乐"音乐，常惹得顾客热泪盈眶……。是啊，在快节奏的市场经济里，人们脚步匆匆。异地求学，海外深造，他乡创业，在艰辛与苦涩中，外地人的乡愁，过来人的怀旧，缕缕情丝，何处依归，过客们多么渴求有一个小憩的"港湾"。却在宴聚时出人意外地感受到亲情与温馨，那将是一次怎样的人性的升腾、回家的享受和感情的爆发。……

"北京宴"员工生活在"视员工为亲人"的氛围中。摆放整齐的牙具，整齐的内务，自取自助自付款的职工内部小卖部，员工家属探视的专用餐厅，每逢略有规模的宴聚，服务员会载歌载舞地表演声情并茂却朴实无华的手语操"感恩的心"。鲁菜为主的风格，独具匠心。用餐时，服务员有时会细声细语地把菜品逐一介绍："相传豆腐是两千多年前淮南王因炼丹时无意间发明的。豆腐有北豆腐、南豆腐之分，北豆腐用卤水点制，口感硬、实、韧，南豆腐用石膏点制，口感软、嫩、滑，我们的豆腐是把北方的卤水运到浙江点制成豆腐后速运回北京的……"。

秀龙带我来到后厨，厨房不见一般餐厅操作间四处弥漫的烟气，厨师们面前的抹布保持洁白，过道的地板是用毛巾擦拭的，当天的厨余垃圾都由一台体量不大的机器做无害化处理。他打开排污阴沟的地板，看不到一般下水道的污垢，也未闻到常遇见的那种异味……

"桃李无言，下自成蹊"。慕名而来"求学取经"的人纷至沓来，本市的、外地的、同行的、不同行的，甚至还有部队的，"北京宴"成了一所中国服务的"社会大学"，对外对内的各种培训班持续举办。培训班在内部员工中每周星期一必办，由杨秀龙等亲自授课。迄今为止，对外成规模的研讨班已经办了数十期之多。我曾应邀参加了一次由新加坡议员、工会主席组团前来考察的代表团到北京宴的考察研讨班。

为探索餐饮行业的"中国服务"，"北京宴"索性创建起覆盖全国的"中国服务学习联盟"。"联盟"的成员单位营业收入增速均远高于全国同行平均水平。中国服务，始于学习和创新，开始在春天萌动、成长、冒出稚嫩的幼芽。

《人民日报》的记者曾在考察"北京宴"之后，为这家坚持高端餐饮，却努力追求高质量为平民服务的酒店写过一篇文章，题目是：《去掉浮华更亲民》。

"北京宴"及其组建的"中国服务学习联盟"集体，还在以喜人的增速向前发展。如今的"北京宴"正在酝酿规模化扩张，这是企业成长中的又一次跨越。我深信，前面还会有疾风暴雨、艰难险阻，他们自身也还有稚嫩和不足。中国制造我们走过了数十年，中国服务这个厚重而光荣的使命我们也必将前赴后继地走下去。

请祝福他们吧！一群人，一辈子，一件事，中国服务。他们会成功的，因为，这是与春天的约会。

我要把徐迟先生长篇报告文学《哥德巴赫猜想》最后一段话送给"北京宴"：

他生下来的时候，并没有玫瑰花，反而取得成绩。而现在呢？应有所警惕了呢，当美丽的玫瑰花朵微笑的时候。

（作于 2018 年 4 月）

# 隆庆祥的追求

私人定制，是一个古老而时尚的需求。说它古老，是这种定购行为历史久远；说它时尚，是因为它正在成为当下个性化的消费潮流。

私人定制，这正是老字号企业隆庆祥的矢志追求。能延续至今的老字号，都是经过岁月洗礼的中华民族品牌。

文化与艺术正大步走向与传统商业融合。

**民间裁缝制官服**

北京隆庆祥服饰有限公司，原名隆庆祥，旧址在前门大街93号，坐落在北京皇城文化和京味文化最具代表性的京城中轴线上。前门，是北京的中心区。前门大街，也是享誉中外的商业街，这里商贾云集，繁荣景象自明清始，长期冠盖华夏。即便是普通的前门大碗茶，也牵动着一代代北京人的无限情思。

据考，隆庆祥祖上袁氏从明朝开始就从事服装裁作，早自1522年开启的明朝嘉靖年间，即因其精湛的官服裁作技艺，名噪京城。曾为明穆宗隆庆帝专制裙袍，隆庆帝欣喜之余，曾亲书"袁氏裁作"四字以示嘉奖。自明朝以来，距今已有四百多年的历史。

袁氏第九代传人袁士杰，继承祖业，在为达官贵人制作便服时大量应用绣金、云锦等民间难得的工艺和材质，使服装呈现出华贵不凡的气韵。据传在乾隆私访时，惊讶民间居然也有可比肩官廷的技艺与服装，感叹大清皇朝盛世太平、百业兴旺，遂赐书袁氏"天庆祥瑞"以示恩典。袁士杰先生晚年为感念明清两朝皇恩，激励后世传人继承祖制，将袁氏制衣精神发扬光大，决定将裁作衣物的裁案制成匾额，将"袁氏制衣坊"字号改为"隆庆祥"。

数百年来，袁氏后人坚守祖辈"天眷独厚"的品质观，忠于"顶级专属"的定制理念，秉持"传承更发扬"的创新精神，成为私人定制的历史典范。

如今，袁氏祖上留下的大明隆庆年炉、虎头青铜熨斗、青铜尺、"隆庆祥"牌匾等历史遗存，像他们注册的"夔龙文"商标一样，彰显着尊荣华贵的历史，弘扬着隆庆祥卓尔不凡的工匠精神和企业文化。

### 西装定制的先行者

史载，西装又称作"西服""洋装"，始创于欧洲，于19世纪40年代前后传入中国。这是"西学东渐"在服装文化上的一个标志。

1911年，民国政府将西装列为礼服之一。20世纪30年代后，中国西装加工工艺在世界上开始崭露头角并逐步享有盛誉，上海、北京等城市出现了一些专做高级西装和礼服的西服店。

新中国成立后，占服饰主导地位的一直是中山装。改革开放以后，随着对外开放，以西装为代表的西方服饰以前所未有的规模进入中国，西装作为正装，成为正式与外交场合的主要着装，也是社会交往中的主流时尚。

清代中后期，"洋装"传入中国。袁氏家族第十一代传人袁志鸿先生即开启了取新纳旧、推陈出新的探索。他的儿孙袁文举、袁金亭先生更是远涉重洋，到欧洲学习西方制衣技法，直到袁小杰的父亲袁振松时，战乱、贫弱、兵连祸接、蹉跎岁月，已过百年，私人订制西装之梦始终没有实现。

祖辈、父辈的复兴愿望，历史地落在了1968年出生的袁小杰——这个袁氏制衣第十五代传人的身上，隆庆祥在1995年这个改革开放的年代中重新崛起。

**"重振河山待后生"**

私人定制之路注定是艰辛的。手工制作、量体裁衣，要把每件产品都当做艺术品去创作。很难有规模效益，却又要求件件是精品。袁小杰的选择是"明知山有虎，偏向虎山行"。

为便于工业化生产和流水线操作，传统的做法是只量"三围"、身高袖长等几个指标，并将其标准化。至于不同的体型身材，千差万别的个体形态,却被简单地模糊了,被强制性地忽略。消费者,这个常被尊为"上帝"的群体,只能被动地接受粗放的生产方式,享用着这种打了折扣的生活品位,而得不到应有的尊重。

衣服的功能从"蔽体"、"保暖"到"美"的追求,人类走过了漫长的岁月。人们对舒适、美观的愉悦和感受几乎都一样,但是对美的标准的认识,却各不相同,这给私人定制带来了天然的难度,也创造了发展的机遇。

隆庆祥从定制一套西服到成衣,前后需要30天左右,每套西服都要经过406道工序,其间要多次与客户在试衣时接触沟通,在与客人交流时,也相互传递着对美的认识和感受。制作时,要实现对美的追求,大量工序是手工制作去实现,比如手绣。一般要先后试样一到两次,经过微调,"止于至善",使顾客满意。

时代,还向隆庆祥发出了新的呼唤。

当中国产生了世界上最多的中等收入群体的时候,私人定制的潜在市场孕含着大量的商机,即使其中少部分人要求定制服装,人们对美好生活日益增长的大量需求和不平衡不充分发展之间的矛盾,也是显而易见的。隆庆祥即使有一百家分店,和他的同行加总一起计算,也难以满足市场的需要。

隆庆祥走上的私人定制之路,道路固然艰辛,但是,却合着时代的步伐,走着一条前景广阔的康庄大道。

记得著名美术大师罗丹说过这样的话:世界上并不缺少美,而是缺少发现美的眼睛。其实,更需要发现的心。

在标准化支持下的大规模发展是一种美，在标准与非标结合上产生的私人定制将是另一种创造，另一种美。

隆庆祥，当你把每一套服装都作为艺术品去创造时，你当然应该是美的使者。

（作于2018年4月）

# 实体零售步步高

## 一

几年前，马云与王健林有过一次对赌传遍商界，两人对各自从事的电子商务和实体商业信心满满，都认为自己的事业"可以笑到最后"。后来的实践证明，他们谁都没有吃掉对手，也谁都没有输给对方。

因为，电子商务与实体商业的融合走上了殊途同归之路，这是真正的新零售。

改革开放四十年，连锁经营、物流配送、电子商务以迅雷不及掩耳之势，在传统的商业领域掀起了一次史无前例的革命大潮。这种新的流通组织形式与服务方式，让旧的流通几乎荡然无存。连锁超市、专业店、专卖店、大卖场、购物中心、城市商业综合体等新业态如雨后春笋般涌现，中国商业在很短的时间内实现了历史性的飞跃。在进入新世纪的第一个十年结束时，实现的社会消费品零售总额已是1980年改革开放之初的72倍。商业，仿佛是跑进了现代化。

就在欣喜不已的中国商业人立足未稳之时，互联网、移动终端、大数据等第四代工业革命的先进技术在中国迅速普及。电子商务以其快速、便利、低价的优势冲击着实体商业。流通产业中的信息流、资金流、商流与物流，前"三流"都可以在电子商务平台上便捷地开展，唯有物流的实体形态谁也离不开。背负着用工成本高企、租金上升、税收不平等重负的商业实体店，出现"关店潮"。一时间，网购的"攻城掠地"使实体店弥漫着抵触和悲观的情绪。电子商务在"对赌"中势如破竹，高歌猛进。

实体商业没有沉沦，他们在电商平台的挑战中顽强奋起。实体商店人与人的直接交往，可以实现有温度的服务。一切与体验有关的餐饮、娱乐、健身等综合服务很快走进实体商店。像蜘蛛网一样密布城乡的商业网点也是竞争的财富。实体商业又一次以新的姿态重新崛起。

今后将会有不与实体经济结合的电商吗？

未来还会有不运用互联网、大数据、移动终端的实体店吗？

竞争与合作，流通业开始大呼猛进地创建行业的命运共同体。

## 二

这是一个发生在湖南关于《步步高》的故事。

王填，1968年出生于湖南湘乡市仁厚乡三迁村，原名王立希。父母祈盼王立希"树立希望"，通过念书改变命运，走出农村，走进城市。

童年时代的王立希最常做的一件事就是放牛。村里广播中传来《东方红》的歌曲时,是他该出去放牛的时候。当广东民乐《步步高》响起时,又该是他牧归上学的时刻。欢快的乐曲,竟然给无数次走在乡间小道上的牧童留下如此难忘的印象,以至于使他爱上了音乐,并在他后来创业时将公司定名为"步步高"。

20世纪80年代,还在念中学时立希就盼望成为"万元户",那时的"万元户"在孩童及一般人心中简直就是让人羡慕不已的富豪。中学时,他曾瞒着父母去养兔,后被父母制止,继续回校读书。"万元户"之梦破灭后,期望用勤奋学习来填补过去浪费的时光,自己改名为"王填"。

少年王填养兔失败,青年王填在湘潭商业学校念书时,却在经销热水瓶胆时,收获了"第一桶金"。同学因瓶胆破裂去附近小店要求更换不成,王填却发现了商机。他在学校贴出广告"投石问路",欲购者需先交钱,他去订货,一下子赚到两万多元!也因这次小试牛刀的经历,毕业时,当地知名的湘潭市南北特产食品总公司"点名"要了王填,这让其他同学羡慕不已。

王填在南北特产公司这个国有企业干得顺风顺水,24岁就当上了业务科长。他不仅在采购的岗位上认识市场、积累经验,还收获了爱情。妻子张海霞时任公司的团委书记,在王填"下海"当个体户时,又成为与他共同创业的伴侣。

1995年夏天,王填夫妻下海"闯世界",用靠亲戚拼凑的5万元起步，成立了湘潭市步步高食品有限公司，开设了湖南第一家超市。

王填接收了在竞争中处于"休克"状态的国企商业资源，把"停摆"的旧市场变为超市卖场，吸纳下岗工人为企业员工，用民营经济在竞争领域的体制优势，对传统的国营商业企业进行了脱胎换骨的改造。

在地域上，王填曾据守湘潭，进军长沙，挥师湖南。后来，他又以湖南为基础。步步为营，先后扩展到广西、云南、江西、川渝，实践着在商业上"农村包围城市"的战略。

在业态上，步步高曾经是康师傅、娃哈哈、金龙鱼的代理商，后又进入超市、家电、百货、商业地产、便利店乃至城市商业综合体，成为多业态、多业种综合经营的企业。

在管理上，他在初创时期就破除旧规，作出惊人之举，曾签约五年、重金聘请以诺尔为首的12名外国人管理团队，负责超市业务。他与肯德基、国美、苏宁等结成战略伙伴，助力企业多业态规模化发展。步步高于2008年进行现代企业制度改造，在深交所发行上市，成为"民营超市第一股"。这时的步步高食品有限公司，正是"春风得意马蹄疾"，既欢快，又顺畅。

新世纪第二个十年开启之时，电子商务在中国"井喷"式的爆发和成长。曾经坚守实体商店，对电商处于对立与防御状态，并放言"不碰电商"的王填，开始比肩万达、对标阿里巴巴、反思步步高的发展。在"金戈铁马"时代隐忧不断。

新的希望，新的挑战，始终萦绕在董事长王填的内心，这不由让人想起宋代诗人杨万里《过松源晨炊漆公店》的诗句：

> 莫言下岭便无难，赚得行人空喜欢。
>
> 正入万山圈子里，一山放过一山拦。

为了适应线上线下全渠道销售，赶上国内及跨境电子商务大发展的新形势，步步高办起了"云猴网"。随着湖南长沙梅溪新天地城市商业综合体的建成，王填又索性向腾讯、京东转让股份，开启了步步高创新驱动、转型发展的新长征。

## 三

此时，世界与中国都加快了电商与实体深度融合的步伐。

2016年7月，联合利华斥资10亿美元收购美国电商创业公司多南；8月，全球零售巨头沃尔玛宣布，以30亿美元的价格收购亚马逊的竞争者吉特；据报，在德国有1/3的实体店开了网店。

2016年中，美国电商巨头亚马逊发布公告，以总价约137亿美元收购经营有机食品的全食超市，该公司在美国、加拿大和英国拥有约8.7万名员工，460多家门店；科隆经济研究所的一份市场分析指出，在德国1000家最大的电商中，目前一半已拥有实体店。该研究所专家胡德兹预测，"在今后几年里，90%的纯电商将从德国市场上消失"。

在国内，有消息报道，阿里巴巴与苏宁展开合作，沃尔玛中国已与京东结盟，家乐福中国参股永辉与腾讯，京东与腾讯已入股步步高……

商业实体经济正在插上高科技的翅膀。

从湘潭到长沙，从超市到梅溪购物中心，从多业态实体商业到与电商结盟，王填开创的事业步步高。

前路漫漫，仍会有风和日丽，还将有雨雪交加。或许唯有经历了起承转合，抑扬顿挫，"步步高"的旋律才会有欢快激昂，曼妙高雅。

（作于2018年4月）

# 夏老与《石门颂》

经友人志国介绍，认识夏老已近二十年。

夏老，名湘平，书法界又尊他为夏公。是我国著名的书坛大家，尤以隶书名重中外。初识夏老的第一印象是精神矍铄，热情谦和，平易近人。记得当年与夏老谈及书法，首先提到的是我曾听闻其名却倍感生疏的《石门颂》。

我自幼喜欢书法，学生时代就心神往之，兴趣很浓。在后来从事经济工作的数十年中，忙碌使我难以坚持学书，至今仍是一个"业余爱好者"。但每有碑刻楹联在侧，总会留恋地张望，驻足不前，心追手摩。工作领域的高频节奏也使我难有机缘拜师学艺。如今在"夕阳红"的岁月结识夏老，亲近与敬重之情油然而生。

但谈及《石门颂》，我感到有些窘迫了。那不就是唐朝著名的诗人韩偓所说的"寒藤挂古松"一般，用枯涩的线条写成的隶书吗？怎么就值得眼前这位长者数十年时光去苦苦追求呢？疑惑和不解，使我顿时语塞。

岁月流逝，我开始关注并进一步探究。肤浅与汗颜之感常萦绕于心。同时，也使我逐渐地走进了石门，走进了《石门颂》，也走进了夏老……

**汉隶极品《石门颂》**

秦岭自古以来就横卧在巴蜀与中原之间，蜀道之难，"难于上青天"。至东汉明帝刘莊永平六至九年(公元63-66年)，汉中太守鄐君最后完成开通褒斜道并打通石门的工程。褒斜道南出褒谷穿越七盘山有一段隧道，史称石门。

东汉安帝刘祜永初元年（公元107年），褒斜道因动乱破坏而断绝，秦岭两侧社会与民众生活重又陷入高山阻隔、交通中断的灾难之中。至东汉顺帝刘保时，时任司隶校尉杨涣，名孟文，力排众议，奏请顺帝重新打通并拓宽褒斜道。他历尽艰辛，餐风宿露，火烧水激，重开石门，加宽延伸穿山通道六丈有余。东汉桓帝刘志建和二年（公元148年），时任汉中太守王升视察石门，感念自己的同乡、犍为郡武阳（今四川眉山市彭山县）人杨孟文开凿石门通道的功绩，亲自撰文颂扬，并刻石于石门隧道西壁，全称《故司隶校尉犍为杨君颂》，史称《石门颂》。

《石门颂》被尊为摩崖石刻的杰出代表，是东汉隶书的极品。它用凿子镌刻在凹凸不平、未经打磨的天然石壁上，法度不像一般碑刻那样森严，却因此而更加奔放纵逸，奇趣天成，与庙堂之作相比，充满山野之气。

《石门颂》的笔画逆入平出，含蓄蕴籍。《石门颂》的结体捭阖开张，拙中有变。清代书法家杨守敬说它"其行笔真如野鹤闲鸥，飘飘欲仙，六朝疏秀一派皆从此出"。

传我国近代著名书法家、书学理论家康有为曾在石门洞中研习书法并生活达七日之久，仰慕之情，可见一斑。《石门颂》被称为草隶，始于康有为。《石门颂》被尊称为草隶的鼻祖和楷模，其笔势大气磅礴，拙朴典雅，野趣横生。

我国最大的综合性辞书、商务印书馆出版的《辞海》封面"辞海"两字就取自《石门颂》。

### 结缘《石门颂》

夏老长期在部队从事文艺创作与领导工作。国画、油画、版画等涉猎广泛，钟爱书法，尤精隶书。1976年自广州军区政治部美术组调入总政文化部以后，一直从事全军美术书法领域的领导组织工作。曾任中国书法家协会一、二、三届常务理事、中国美术家协会第三届常务理事，以及中国人民解放军书法创作院副院长。如今虽已进入耄耋之年，但健朗的身体、儒雅的风度，让人感受到淡定中仍奋斗不已的进取之心。

20世纪80年代中期的一天，工书法，善绘画，幼承家学，曾经遍临《曹全碑》《礼器碑》等诸碑帖的夏老，在西单的一个小书店偶见《石门颂》的拓本，早已仰慕神交的他，欣喜莫名。从此，晨昏摩读，终日不倦，与《石门颂》结下了数十年而且至今情未了的不解之缘。

摩写《石门颂》并不适合一般的初学者，需要有深厚的隶书功底。清代隶书大家张祖翼曾经评说："三百年来习汉碑者不知凡几，竟无人学《石门颂》者，盖其雄厚奔放之气，胆怯者不敢学，力弱者不能学也。"夏老选择《石门颂》，既有雄厚的隶书功力，也有胆识独辟蹊径，独往"虎山行"。听夏老说，他为此付出了代价："长期悬臂写作，我也因此患上了肩周炎。"

夏老书法的艺术特色，洋溢着既熔融汉简汉碑，又兼得行草笔意的新隶书艺术形象的魅力。"业精于勤，荒于嬉；行成于思，毁于随。"他遍临汉魏各种碑帖，又向金文、帛书、残纸、北朝墓志等各时期书法艺术广泛吸取营养。他转益多师，唯艺是取。主张继承传统，多读古人碑帖，凡遇书法精品要"察之尚精，拟之贵似，尤贵神似"。在广取博收的基础上，融百家于一炉，创造自己的风格。夏老书法寓巧于拙、平夷中创险绝、静谧中求跳宕。隶书笔法丰筋健骨、苍劲雄浑、质朴古拙，使夏老成为当今书坛极具鲜明个性的书法家，也造就了"学古变古""学法变法"的典型书法风格——夏隶。

夏老阅历丰富。他曾随作家刘白羽，岭南杰出画家关山月、黎雄才等到甘肃、新疆等地采风，广育自己的书法沃土；1987年他作为中国书协陪同团团长，与日本书道联盟第五次研修团一起，赴陕西汉中石门考察学习汉代摩崖刻石，并代表中国书协给日本书道研修团全体日本书法家颁发结业证书；1988年应邀为泰国皇室淡浮院书写长联；

他曾为中国书协培训中心编写教材《隶书卷》——关于《石门颂》，他的2500字长卷屈原《离骚》刻于五米多的巨石之上，作为主碑屹立于湖南汨罗江畔的屈原碑林，与他所书另外两座巨型石碑《唐山抗震十周年纪念碑》《朝阳阁赋碑》一起，被我国书法界尊为当代隶书的丰碑……

2009年，在庆祝新中国成立六十周年的时候，夏老被中国文联授予"从事新中国文艺工作六十年"的荣誉证书和奖章。

纯真、朴素、自然，是为人称道的书风，也是夏老受人尊敬的人品。

驻足在汉中博物馆的《石门颂》前，我曾静静地沉思。那大约两千年前为民请命、栉风沐雨打通褒斜道的杨焕，那奋笔疾书、深孚历史责任感写下《石门颂》的地方官王升，那在坚硬的崖壁刻出汉隶极品不知名的石工，那至今还在孜孜以求推陈出新的书法家们，似诗人在吟哦，像山风在呼啸，如江海在高歌。历史不会忘记他们。因为，在他们身上，体现了中华民族生生不息的奋斗精神，代表着中华历史文化的精粹与魂灵。

美学，是关于美的哲学。这让我想起法国著名雕塑艺术家罗丹说过的一句话：

世间并不缺少美，而是缺少发现美的眼睛。

（作于2016年10月）

# 后 记

光阴荏苒,日月如梭,不觉已到古稀之年。

在中国商业联合会工作的日子里,有机会更多地读书学习。尤其是国内外相关经济学理论,中外历史文化。历史篇主要参考吴慧主编的《中国商业通史》、李晓编撰的《商贾智慧》。一部部宏篇巨制,有如知识的海洋,我就像那沙海拾贝的孩童,贪婪地捡拾着在职时无暇顾及的知识奇珍异宝。虽然,这一切都有些晚了,但我仍深信如培根所言:知识就是力量。

对知识的积累和运用,可以增进智慧和能力!

"沾衣欲湿杏花雨,吹面不寒杨柳风"。改革开放,如春风吹拂,中国的内贸流通领域发生了天翻地覆的变化。挣脱了旧体制的禁锢,这些商业企业的掌门人,中流击水,意气风发。他们敢为人先,冲锋过、挫折过,甚至跌倒过,但他们仍然坚守着、奋斗着、向往着……如鲁迅先生所言,这个群体有如运动会上,"那虽然落后而仍非跑至终点不止的竞技者,和见了这样竞技者而肃然不笑的看客"。中国商业人,也是创造未来与希望的脊梁。尤其是在更加重视民生的新时代。

于是，采纳朋友们的建议，我把与企业界接触考察时的所见、所闻、所思、所言，集录成本书，献给蒸蒸日上的内贸流通业，以表达对中国商业人由衷的敬意和感佩。

探索篇的最后一篇写的是关于书法的文章。书法，是我自幼即倾心的业余爱好之一。

谬误难免，敬请指正。

衷心感谢为本书题字的中国关心下一代工作委员会顾秀莲主任，衷心感谢中国商报新闻出版总社魏稳虎、徐舰、刘毕林等同志，衷心感谢中国商业联合会张艳彬同志，同时也感谢中国商报研究院对此书的支持。

衷心感谢为本书出版给予过帮助的所有朋友！

完稿之时，窗外已是树树红梅待放，又是一个充满希望的春天。

张志刚<br>2018年3月16日，北京